一斉授業の
特徴を探る

● 授業を観る,測る,考える

岸 俊行 著 Toshiyuki Kishi

Features of
the classroom
lessons

ナカニシヤ出版

はじめに

　現在，学校教育の現場は非常に大きな岐路に立っている。以前より「いじめ問題」に関する報道は多くなされているのに加え，近年，教師による「体罰」に関する報道も多くみられるようになってきた。また，依然として子どもたちの「学力低下」問題や授業自体が成立しないという「授業崩壊」や「学級崩壊」の報告もみられている。このような状況を背景に，2009年度には「特別支援教育」が改正学校教育法に位置づけられ，すべての学校において，障害のある児童生徒の支援をさらに充実していくことが求められるようになった。また，小学校で英語を教科化したり，外国語活動を小学校の3年生から行うような動きもある。さらには義務教育自体の見直しを行い，公立の小中一貫校の設立や5歳から義務教育を行っていくという動きも本格化してきている。

　このように現在の教育現場は，大きな変革のただなかにある。しかし，どのように教育現場が変わろうともそこで営まれていることが「教育」であることに変わりはない。では，教育現場で行われている「教育」とは「どのようなもの」なのだろうか，「どのような特徴を持っているのだろうか」という問いに対して，明確な答えを用意することは出来るだろうか。「教育は教育だ」というようなトートロジー的な答えになってしまいがちではなかろうか。現在，「授業崩壊」や「体罰」等の問題が広く取り上げられ，義務教育制度そのものが見直される機運の中で，あらためて今まで自明であった「教育」を考え直していく必要があるといえる。すなわち，教育現場で行われている「教育」がどういう特徴を持った「営み」なのかを知っておく作業が今求められているといえる。

　上記のような問題意識のもと，本書では，実際にいま，初等教育の現場で「何が」行われているのか，さらには，その「教育」の特徴はどのようなものなのかということを明らかにすることに関心を注いでいる。初等教育現場で行われている「教育活動」も，実に多様である。5教科をはじめとした授業はもちろんのこと，給食や掃除といった特別活動も教育活動である。本書では，初等教

育現場における教育活動の中心が「一斉授業」であるという認識のもと，その一斉授業の特徴について，教育心理学的，教育工学的手法を用いて検討を試みたものである。

　一斉授業を検討する際の視点としていくつか考えられるが，本書においては以下の二つの視点を明確にしたうえで，検討を行った。一つには，授業が日々継続して行われているという視点である。ともするとこのような授業研究を行う際に，対象授業のみを切り取って考えてしまいがちである。しかし，授業は教師と子どもとの継続したコミュニケーションの結果として立ち現れてくるものである。本書の一連の授業研究はこの「継続」という点を一つの大きな視点として行っている。もう一つの視点として，「授業」という場を把握するという視点である。これまでの教育研究や授業研究では，教え手側（教師）と学び手側（児童生徒）の活動に焦点化して行われた研究が非常に多くみられる。しかし，教え手側と学び手側が交わる「場」そのものに着目した研究はあまりみられない。本書の一連の研究では，この「場」に着目して授業の検討を行っている。

　本書では，初等教育現場の一斉授業がどのような特徴を有しているかを明らかにするために，9つの研究を行っている。9つの研究は3つずつ大きく3つの研究に分けることが可能である。授業内での教師の行動から授業の特徴を探る研究（第4章），教師と子どもが交わる「場」の研究として授業雰囲気を探る研究（第5章），そして，授業内での教師と子どもの相互交渉の研究（第6章）である。どれも他の研究者が行わない一風変わった視点，アプローチで行われている研究ばかりであると私自身認識している。その点において，研究結果の妥当性が必ずしも高いとはいえない研究もあるが，その分，従来の研究ではなかなか顕在化されにくい一斉授業の特徴がみえてくるのではないかと期待している。

　本書の研究に触れることで，多くの方々に教育現場での教育実践に関心を持っていただき，さらには，その中で「実際に行われている一斉授業の特徴」に目を向けていただく契機となりうるのであれば，筆者としては望外の喜びである。

　なお，本書を刊行するにあたり日本学術振興会平成26年度科学研究費補助金（研究成果公開促進費）の助成を受けた。

目　　次

はじめに　i

第1章　序　　論……………………………………………………1
1.1　我が国の教育現場の現状と問題点　2
1.2　"授業"を捉える視点　6
1.3　本研究の視点　13

第2章　授業研究の概観……………………………………………17
2.1　教師の教授行動に関する研究　17
2.2　授業を評価する先行研究　30
2.3　先行研究のまとめ　32

第3章　本研究の課題と目的………………………………………35
3.1　本研究の課題　35
3.2　本研究の目的　37

第4章　授業中の教師の行動に関する検討………………………41
4.1　一斉授業における教師・児童発話の特徴（研究1）　41
4.2　一斉授業における教師の指名行動の特徴（研究2）　55
4.3　異なる2クラスの教師の教授行動の検討（研究3）　59
4.4　本章のまとめ　70

第5章　一斉授業における雰囲気の検討…………………………73
5.1　異なる教授スタイルを有する2クラスの授業雰囲気の探索的検討（研究4）　74

5.2　授業雰囲気尺度の作成と妥当性の検証（研究5）　85
　　5.3　現役教師の授業雰囲気の認知に関する検討（研究6）　95
　　5.4　本章のまとめ　102

第6章　教師と児童の相互交渉の検討……………………………107
　　6.1　教師の「指示・確認」がもつ教授学的意味の検討（研究7）　108
　　6.2　一斉授業における教師のフィードバックの現状（研究8）　122
　　6.3　児童の予想外応答場面における教師の対応の検討（研究9）　127
　　6.4　本章のまとめ　144

第7章　総　　括……………………………………………………149
　　7.1　知見の整理　149
　　7.2　一斉授業の特徴と構造　150
　　7.3　本研究の意義　151
　　7.4　授業研究の今後　157
　　7.5　結　語　158

引用文献　161
おわりに　171
索　引　175

第1章
序　論

　「私は今まで，人と接してコミュニケーションをとり，人間関係を築くことがとても苦手だった。小学生の頃，ある先生は，『間違えても良いから，積極的に発言しなさい』というように言っていたが，私が間違えた答えを言ったら，その先生に笑われた。そのとき，恥ずかしくて嘘つきだとさえ思った。それが原因で，友達と話をしていても，自分の考えは正しくない，おかしいと思い，友達と意見が違うときに，自分の言ったことを否定されたり，笑われたりすることがとても嫌だった。それからは，あまり自分から話しかけなくなり，人とコミュニケーションをとり，人間関係を築くことが苦手になっていった」。

　上記の一文は，大学のある授業において「現在の自分の人間関係について記しなさい」という課題に対して書いた学生のレポートの冒頭である。この一文から，小学校時代の教師の些細な対応が，この学生の以降の人間関係に大きな影響を及ぼしていることが窺える。このように，学校の教師，特に初等教育の教師の言動は児童・生徒に大きな影響を与えることが推察される。

　初等教育の時期の児童は，社会的スキルの向上が望まれ，対人関係における社会性の形成時期にある。具体的には，家庭教育から学校教育への移行時期であり，家族という身近な集団から，教師や他児童を含む社会的な集団の中での生活という変化を経験する。こうした変化の中で，子どもは人間関係を円滑に形成するために必要な社会性を獲得していく。児童にとって，教師とはもっとも身近な「大人」であり，また，学校はもっとも身近な「社会」なのである。学校教育，特に初等教育を考える際に，このような学校を一つの「社会」という観点から考えることは非常に重要になってくる。

1.1 我が国の教育現場の現状と問題点

　我が国の学校教育を取り巻く状況は，近年，大きく変化している。1997年頃より「学力低下」論争がマスコミの遡上にのぼり，今なお，活発に議論が行われている。この学力低下論争は，学校本来の任務は何かという根本的なところで論点が成立している（広田，2003）。また，学校内部に目を転じると，授業中に席を立つ，私語をするなどして授業自体が成り立たないという「学級崩壊」の事例も多く報告されている。芹沢（2000）はこうした「学級崩壊」の背景の一つに，教科書を中心とした一斉授業により，本来，主役であるはずの子どもたちのニーズに教師が応えるのではなく，子ども達が教師のニーズに応えるという教師中心の授業が展開されていると指摘している。これらの問題は，従来の学校内部にあった「不登校」や「体罰」，「いじめ」などの問題と異なり，授業自体の成否に関わる問題と捉えることができる。学校という場で求められている機能は，子どもへの知識の伝達だけではないのは当然のことであるが，それでも，子どもたちは学校という場の大部分を「授業」という形態で過ごしている。このように考えるならば，学校教育の中心が「授業」であると捉えることも可能である。つまり，学校現場において近年，授業の成否に関わる問題が増加しているということは，学校教育自体の成否が問題になっているということでもあり，このことは，とりもなおさず，現在の教育現場がある種の「緊張状態」にあるということでもある。

　上記のような緊張状態ともいえる教育現場の現状がある反面，文部科学省は平成14年度より「完全学校週休2日制」を導入し，平成15年度からは「総合的な学習の時間」を導入している。また，自治体レベルでは平成12年度の東京都品川区を皮切りに「公立学校の選択の自由化」が推進されている。総合的な学習の時間は子どもが主体的に学ぶ参加型の授業（永井，1999）として位置付けられており，従来の教師主導の教育ではない，子どもを主人公とした教育（苅谷，2001）である。この試みは，決められた枠のない授業形態であり，当然，各教師によるカリキュラム作成が要求される。また，学校選択制導入の背景には，競争原理を導入することによる各学校・教師の学校改善・授業改善への期

待がある（藤田，2000）。これらの政策は，従来，文部科学省主導で行われていた公教育を，自治体レベルまたは教師レベルで構築可能にするものであり，このような観点から教育現場を考えるならば，「教育の柔軟化」と捉えることができる。

　現在の教育現場は，一方で授業自体が成立しない学級崩壊のような事例が多数報告されている「教育の緊張状態」にあり，他方では，教師レベルで教育のカリキュラムを考えることが可能なシステムの導入であったり，さらには義務教育内においても教育を受ける側が教育を選択できるようなシステムが導入されたりする「教育の柔軟状態」が併存している。このように，一見すると相反する状況が教育の場に存在している。これは，問題の本質を追究することなく，実現のための明確なプログラムを欠いた改革（苅谷，2001）が行われていることに起因していると考えられる。

　このような状況の背景として，現代の教育が抱えるいくつかの問題点を挙げることができる。その一つめの問題点として，子どもの操作可能性の問題が挙げられる。「教育」と呼ばれる人間関係が成立しているところでは，教師と子どもの間に一つの「支配服従関係」が存在している。教育関係が成り立つためには，教える側が学ぶ側に何らかの行動を指示し，学ぶ側がその指示に従うという関係が不可避だからである（田中，2001）。そのため，何らかの問題が生じたとき，教える側は，「どうすれば」学ぶ側を従わせることが出来るのかという問いを立てるのである。田中（2002）はこのような「どうすれば」という問いを投げかけるのは，その背景に「子どもはコントロールできる」という命題を前提にしているからであると指摘している。

　しかし，先述したように，現在の学校現場において多くみられるような学級崩壊や授業崩壊という問題は，この教育の大前提を脅かすものであり，従来の教育方法では解決できない根本的な問題であると考えられる。このような状況に対応するためには，田中（2002）は「子どもをコントロールする教育方法」と「子どもをコントロールする方法を実現可能に見せる教育装置」の二つを明確に分けて考える必要があると指摘している。換言すると，教師（大人や教育者）が子ども（被教育者）を，自らの理想（的な状態）へと導くための方略と，その目的遂行のために必要となる「環境」や「仕掛け」の用意とをしっかりと

分けて考える必要があるということである．従来の教育に関わる言説や研究の大部分は子どもの操作可能性を前提にしており，子どもの操作可能性を前提にしなければ，全ての教育方法が不可能なものになってしまうと考えられてきた（田中，2001；田中，2002）。そのため，教育に携わる研究者の関心も，「子どもをコントロールする教育方法」にのみ視点が向けられていたといえる。

　しかし，学級や授業自体の成否に関わるような問題を考える際に，子どもを操作するようにして問題解決をはかるのでは，問題の本質から目をそらし，表面に現れる状況を改善しただけに過ぎない。教育の成立そのものが問題になっている現在，子どもの操作可能性を前提とした教育方法のみを考えていたのでは，問題解決には至らない可能性が高い。問題解決を指向するためにはまず，「子どもをコントロールする方法を実現可能に見せている教育装置」に視点を向ける必要があると思われる。この教育装置そのものに関心を向けるという視点は，教育の中，つまり教育という人と人との相互交渉の中における個々（教師や子ども）の活動に目を向けるだけではなく，それらの相互交渉を可能にしている教育というシステムにも関心を向けるものである。

　二つ目の問題点は，現代の教育が「教える−学ぶ」ということに対してパラドックスを有しているところにある。「教える」ことが成り立つのは，子どもが「学ぶ」からであるが，それが本当に新しいことであるならば，子どもはそれを学ぶ必要があることを知らない（藤岡，1998）はずである。森（1979）が指摘しているように，「学び」は本来，経験とその意味づけであるにもかかわらず，その「経験」を学校では「教える」ことが出来ないのである。それでも，現代の学校においては，教師は「教える」ことが第一の目的とされている。ここに現代の教育が持つパラドックスが現出している。このようなパラドックスの解決として，高橋（1997）は，学校という場所を，一元的で均質な空間から，多元的で祝祭性に満ちた象徴的空間に組み替えていく必要があると指摘している。高橋（1997）の主張する象徴的空間としての学校とは，従来の「教師から児童への一方的なベクトル」によって規定される学校ではなく，「子どもたちが，ともに語り合い，ともに学び合うというコミュニケーションを中心にした学びの場」として立ち現れてくるものである。授業も，当然こうしたコミュニケーションの過程として再構築される（草柳，1995）。Mead（1995）の指摘にある

ように，人間は他者とのシンボリックな相互作用の過程で「社会化された自己」を獲得していく。当然，子どもたちも学校や授業という場において，日々，他者とのシンボリックな相互作用を行い，それらの相互作用の過程で「社会化された自己」を獲得しているのである。このような観点で学校・授業という空間を考えると，学校や授業という場は「教える－学ぶ」場という一元的な視点からだけではなく，教師や他児童との関係の中で社会化された自己を獲得していく「相互作用」の場と捉えなおすことが重要になってくるといえる。

　また，2005年ごろから，初めての学校の集団生活や一斉授業という今まで経験したことのない形態についていけない小学1年生の増大や，中学校に入って初めての教科担任制に戸惑いを覚える子どもの増大など，いわゆる「小1プロブレム」や「中1ギャップ」というような問題がクローズアップされてきている。小1プロブレムは主に，それまでの個人中心の生活から，規則を重視した社会性を伴う学校生活への順応が上手くいかずに不適応を起こしてしまう事例であるといえる（例えば阿部，2010；高橋，2011）。また，中1ギャップはその要因となるものは多く報告されている（河村，2010）が，その中心は，教科担任制による教科内容の難易度にあるといわれている。このような問題は，幼稚園と小学校，小学校と中学校の接続の問題であるといわれており，2013年1月に発足された第2次安倍内閣における私的諮問機関である教育再生実行会議（座長　鎌田薫　早稲田大学総長）等においても，幼少連携や小中連携に関して活発に議論されている。学校教育の中心が授業であるのであれば，このような，「小1プロブレム」や「中1ギャップ」という問題もまた，小学校の授業に関わる問題と捉えることも可能である。幼少連携や小中連携を考える上でも，あらためて，小学校の授業という空間を捉えなおすことが重要になってくる。

　このように現代の教育現場が抱える問題を考える際に，学校や授業を新たに問い直す視点が必要になる。これまで現代教育に対する理念的な考察の検討を行ってきた。教育に関する理念的考察や言説を検討することによって，教育現場における問題点は浮き彫りになってくる。しかし，実際に問題が存在しているのは「学校」の中である。換言すれば，問題は常に教育現場における実践の中にある。問題解決の糸口をつかむためには，理念的な考察によってみえてきた問題点を，実践の場から再構築する必要がある。佐藤（1995）は今日の疲弊

し硬直化している教育現場の問題を考えるためには,「学校とはどういう場所なのか」という問いから出発する必要があると指摘してる。まず,実際の学校教育の現場で今,何が行われているのかを明らかにすることが重要である。

藤岡(1998)も指摘しているように,学校教育の中心は授業である。児童は学校にいる時間の大部分を授業という形で過ごしている。最近では,授業の過程そのものが教師と子ども両者の関わりによって生み出される社会的活動からなるものとして理解されている(坂西,1995)。また現状のような,教育改革の途上においては,教育活動の直接の担い手である教師の実践的力量向上の問題も重要になってくる(姫野,2001)。

いま,教育現場に生起している問題の本質を捉え,解決の糸口を探るために,さらには,教師の実践的力量の向上を考えるためにも,実際の現場において,教師がどのような教授活動を行っているのかという現状把握を抜きにしては語れない。授業という場において,実際に何が行われているのかという問いが今まで以上に重要になってきている。

1.2 "授業"を捉える視点

1.2.1 これまでの授業の捉え方

授業を分析対象とする研究は従来,教育心理学や教育工学,発達心理学を中心として多様なアプローチで数多く行われてきている。しかし,その多くは,教師・児童の教授方略・学習過程を明らかにすることを目的としたもの(例えば,南部,1995;岡村・吉崎,1992;小林・仲田,1997;井上,1995;佐伯,2004)や教師・児童の授業認知を検討するもの(例えば,姫野,2001;生田・高橋,2004;藤谷,2002;藤村・河村,2001),コミュニケーション面での教室ルールを検討することにより「隠れたカリキュラム(hidden curriculum)」を明らかにするもの(例えば,Mehan, 1982; Green & Weade 1985; 熊谷, 1997)が大部分であった。

このような従来の研究は授業の中での教師や子どもの活動・認知に焦点をあてているものと,教師・子どもの活動の背後にあるものに焦点をあてているも

のとに大別できる。しかし，どちらも教室が「教え－学ぶ」場として存在していることはその前提にある。そのため，授業内の教師の行動は教育的営為として意味づけられている。このような視点に依拠しているため，教師の行動は状況によって，場面限定的に解釈され，教える人としての意味が付与されるという問題が存在している。

　従来の授業研究には，教育現場での教師の行動が日々，継続して行われているという視点に欠けている。授業における教師の行動は，全てが「教える」という「特殊」な行動ではない。雑談や喜怒哀楽の表出など，日常，我々が「普通」に行っている行動も，教師は授業の中で行っている。日々，継続される授業での教師の行動は，「教える」という行動と日常的な行動とによって構成されていると推察される。また，子どもの視点に立って考えると，子どもは授業という特別に位置づけられた場，学校という限定的な場のみで学んでいるわけではない。他者を含む環境との相互作用の中で，様々なことを学び，吸収している。このような観点に立てば，授業における教師の行動も，「教える」ことに特化した行動が場面限定的に子どもに影響を与えているというよりも，教師の様々な行動が日々繰り返される中で，子どもに影響を与えていると考えられる。

　先に指摘したように，従来の研究においては，教師の授業内の行動が，日々，繰り返し行われているという視点に乏しい。したがって，教師の授業実践という点でも，教師の日々の教授行動の把握に至っているとはいいがたい。また，授業で実際に何が行われているのかの記述に至っているともいいがたい。これらの原因として，授業を「教え－学ぶ」場として一元的に捉えているところに問題がある。このような問題の前提には，授業自体の成立は自明のものであるという考えがある。従来の研究では，「授業」という「何かしらの均一な箱」があり，その中で教師や児童の活動がその「箱」とは独立に行われているという視点にたっていると考えられる。そのような前提があるため，授業研究の関心も，授業という「箱」の中で行われている個々の活動に向けられてきた。

　しかし，前節で詳述したように，近年，授業自体の捉え方に変化が起こっている。教育現場に生起する様々な問題を考える際には，授業を従来のような一元的な視点のみで捉えていては限界がある。授業を行っている教師は，機械ではなく"人"である。当然，教師の行動は教師一人ひとりで異なっており，異

なったスタイルを有している。また，子どもも予測不可能な"人"である。そのため，授業は常に，教師の意図していない展開に発展・進行する可能性を孕んでいる。さらには，現在数多く報告されている，授業中，私語をする，席を立つといった「授業崩壊」と称される事態に陥ることも危惧される。しかし，どのような状況であっても，「授業」として時間は過ぎていく。このように教育現場で実際に行われている授業は，「授業」という既存の箱があるのではなく，人と人が向き合うことで成立し，進行しているものであり，非常に流動的なものであると考えられる。

以上の議論を踏まえて授業を考えるとき，授業を既存のものとして考え，その中での個々の活動に関心を向けるのではなく，授業そのものがどのように成立し，また，その中で日々，何が行われているのかを明らかにしていく必要があるといえる。つまり，授業実践のみならず，授業そのものを記述する必要がある。そのためにはまず，授業を捉える枠組みを明確にし，分析の視点を整理することが重要となってくる。

■ 1.2.2　教育の固定化から授業を捉える視点

授業を分析する重要な視点に，授業を診断するという視点が挙げられる。すなわち，授業を通して教育の成果を考える視点である。学校教育が何を生産しているのかという問いに答える研究として藤田（1995b）の学力固定化要因の研究が挙げられる。藤田（1995b）は同じ小・中学校に9年間在籍した子どもの，指導要録に記された成績のうち英語を除く主要4科目（国語，社会，算数・数学，理科）の学年成績の合計点の学年間相関係数を算出した（Table 1-1）。その結果，学年間相関が非常に高い数値を示すことが明らかになった。連続する年次の相関は全て.90以上であり，小学校1年次の成績と中学校3年次の成績の相関でも.74であった。このことは，小学校1年次の成績が，それ以降の成績を明確に規定しているということであり，それが学校教育を変化のとぼしい安定的な学力移動に導いていると考えられる。この結果は同時に，学校教育の固さを示しているともいえる。学校教育はその大部分が，教室という場で教師と子どもが向き合い，その相互交渉の中で行われていることを考えるならば，このような学力固定化要因の一つとして，教師の教授行動が固定化さ

Table 1-1　小・中学校 9 年間の学業成績の学年間相関 (藤田, 1995b)

学年	2	3	4	5	6	7	8	9
1	.90	.87	.84	.80	.76	.78	.77	.74
2		.91	.88	.85	.82	.82	.80	.78
3			.91	.89	.84	.86	.84	.82
4				.91	.84	.85	.83	.82
5					.91	.85	.86	.83
6						.90	.87	.87
7							.93	.91
8								.94
9								

れていることが推察される。教師の教授行動の特徴は，日々，教師が繰り返し行っている授業の中に立ち現れてくる。教師の日々の授業内の行動は，当然，教師の力量に関わってくる問題でもある。つまり，授業における教授過程はもちろんのこと，授業の運営・進行も教師の力量によるものなのである。教師の力量を考える際には，まず何よりも，教師が日々授業の中で何を行っており，どのような行動をとっているのか等，教師の教授行動の特徴を明らかにする必要がある。また，教師が授業の中で何をしているのかを明らかにすることは，教師が自らの教授行動の特徴を理解することにもつながり，さらには，柔軟で多様な教授行動の選択を可能にすることにもつながってくる。このような点からも，教師が，日々の授業の中で繰り返し行っている授業内の行動を分析することは意義のあることであるといえる。

■ 1.2.3　関係論的に授業を捉える視点

　教育の研究において，対象のみではなく，その対象を取り巻く周囲との相互交渉を視点に取り入れた研究がある。加藤・大久保（2005；2006）は，問題行動を起こす生徒と学級の荒れの関係について検討を行っている。一連の研究結果より，荒れている学級は問題行動を起こす生徒を支持している雰囲気があることを明らかにした。この事実は，「学校の荒れ」という問題を考える際に，問題生徒個人の問題であるという特性論的な従来の見方ではなく，問題行動を起こす生徒と一般生徒との関係性の問題であるという関係論的な見方をしていく必要があるということを示すものである。さらに，刑部（1995；1998）は，保

育園において集団になじめない幼児が集団に参加する過程を，エスノメソドロジーの手法を用いることにより明らかにした。その結果，幼児でも，大人の子どもに対する言葉かけの文脈を理解しており，対象幼児一人で集団への参加様式を構成しているのではなく，周囲の人々との関係性の中で，参加の形式が決定されることを明らかにした。このことは，一人ひとりの子どもの行為は個人の特性だけでなく，周囲との複雑な関係の中で生じているという見解を示唆している。

　上記の視点を学校教育における授業という枠の中で考えると，教師は児童を取り巻く環境要因の一つであると捉えることも可能である。大久保・加藤（2005；2006）の考えを援用すれば，児童の授業への適応の問題は，授業を構成している環境要因の一つとしての「教師」と児童との適合性の問題と考えることも出来る。このような視点に立って考えるならば，「教師」という環境が授業を受けている児童にどのような影響を与えているのかを考えることが重要になってくる。

　はたして児童にとって教師はどのような環境として認知されているのであろうか。岡田（1998）は，教師が基礎知識を教える際に，少なくともその教える内容に関しては絶対者であることによって，児童はその内容を無条件に吸収することができると指摘している。一般に自らの判断基準を持ちあわせていない段階の児童は，無条件に知識を吸収していく中で自らの判断基準を培っていくとされる。この状況は小学校児童にほぼ該当し，児童にとって教師は絶対者に近い存在と推定される。その観点からも学校教育，特に一斉授業という特殊な環境の中で，児童にとって絶対者たる教師と児童との関係を考えるという視点は非常に重要なものである。その絶対者である教師の授業中の活動が児童に様々な影響を及ぼしている可能性が高い。このような視点に立って考えるならば，授業における教師の直接的な教授行動はもちろんのこと，それ以外の教師の言語・非言語行動全てが，授業を成立させる上での重要な要因になる。授業を分析する際に，この教師と児童という特殊な関係を考慮に入れる必要がある。

■ 1.2.4　システム論的に授業を捉える視点

　授業研究を行う上で，授業がどのようにして成立しているのかという観点か

ら考えることも重要な視点の一つである．1.2.1節では，従来の授業研究の背景には，授業を既存の何かしらの「箱」として捉えているという問題点を指摘した．そのため，授業研究の中心的関心は，その既存の授業という「箱」の中で行われている教師や子どもの個々の活動にあった．そのような関心のもとでは，常に「教師＝教える人，児童＝学ぶ人」であり，授業は教師から児童への一方通行なベクトルが存在するだけであった．このように授業を教師から児童への働きかけという観点で捉えると，明らかにされる事柄は，場面に依存した断片的で一面的なものだけになってしまう可能性がある．なぜならば，授業を構成している教師も子どももともに"人"であり，授業という場において，予測不可能な行動をとりながらコミュニケーションをとっていると考えられるからである．そのため，授業は常に変化しうるものであると考えられる．相互作用論の立場から，Wilkinson & Calculator（1982）は教室を教師と子どもが情報を交換する相互作用文脈であると指摘している．初等教育の大部分を占める一斉授業は，教師一人に対して多数の児童という形で展開される．そのような一斉授業の中では，児童の応答に応じて，教師－児童間のやり取りは変化することが予想される．授業は，教師一人で成立するものではなく，児童との共同作業である．教師と児童の，双方の作業を通じて，「学ぶ」という営みを，授業で実現することが可能になる（澤本，2004）のである．

このように近年，授業を教師から児童への一方的な働きかけではなく，教師と児童のコミュニケーションの連続として捉える視点が多くみられるようになっている．Luhmann（1985）は，システム論的視座より，授業をあるコミュニケーションが次のコミュニケーションへと接続する可能性において捉えることが出来ると指摘している．さらに，木村（2000）は，授業をコミュニケーション・システムとして捉え，授業という場において，子どもの成長発達を可能にしているものは教師と児童の相互行為システムであると主張している．この木村（2000）の観点は，授業から児童や教師を独立に抜き出すことは出来ず，教師と児童の相互行為そのものが授業であるとしているところにその特徴がある．換言すると，授業は「教師と児童のコミュニケーションの連続体」であると捉えることが出来る．

上記のように，システム論的に授業を捉えるならば，授業の中に教師や児童

の行動が独立して存在するのではなく，教師や児童のコミュニケーションの連続が授業として立ち現れてくると考えられる。すなわち，授業の中における教師や児童の行動とは別に，授業という「場所」を独立して考える視点をもつ必要があるといえる。しかし，中村（1989）が指摘しているように，「場所」という概念はあまりにも具体的であり，明白であって，強いて論じたり考えたりする必要がないように思われる。そのため，先に指摘しているように，従来の教育学およびその周辺領域においても，授業を既存の「箱」のように考え，あえてその「箱」の検討を行ってこなかったと推察される。しかし，先述したように，授業を考える際に，教師と児童の行動をそれぞれ独立して考えるのではなく，教師と児童のコミュニケーションの連続が授業として立ち現れてくると考えるのであれば，そのコミュニケーションの連続体としての［授業という場］の検討を行っていく必要がある。

　場の形成に関して，清水（2000）はその場を構成する構成員同士が直接的な関係を通じて自立的に独特の自己表現を行うとともに，共通の場との接触を通じて互いに影響しあうと指摘した。場と構成員の関係について，清水（1996）は〈劇場〉をたとえに説明している。劇場という場では，〈役者〉と〈観客〉が存在し，〈役者〉が演じる劇を〈観客〉が鑑賞するという形をとっている。このとき〈観客〉の状態は無限定で，日々，状態が変化する。〈役者〉は〈観客〉の状態に整合的なドラマを演じることが求められる。このドラマの創成には〈観客〉を含めた〈劇場〉全体が関与する。何故ならば，〈観客〉に受け入れられるドラマを創るには，〈役者〉と〈観客〉がドラマを共有していなければならず，その共有を可能にする働きが，役者と観客を含めた劇場という場所の中に生成する「場」の働きだからである。この清水（1996）の考えは，授業という場にも当てはまる。授業という場を，分析の視点として考える場合，子どもおよび教師は授業という場の構成員でもある。このことは教師と子どもは，授業との接触を通じて相互行為を行い，その過程の中で授業が形成されることを示している。そのため，教師と子どもが一つのドラマを共有するためには，教師と子どもを含めた授業という場所の中に生成する場の働きを考える視点をもたなければならない。

　従来の授業研究においては，先述したように，授業という場を自明のものと

して捉えていた。そのため，授業という場を研究の視点として取り入れてこなかった。しかし，授業自体を教師と児童のコミュニケーションの連続として捉えた場合，授業という場は非常に流動的なものとして現出する。そのため，流動的な授業という場を客観的に検討する視点が必要になってくる。その際，従来の研究のように，その授業を構成している当事者たる児童や教師の認知および行動をもとに検討を行うことは必ずしも客観性があるとはいえず，また，授業自体を捉えているともいいがたい。授業そのものから，教師，児童を独立して抜き出すことが出来ないのであれば，授業を客観的に記述する際に，教師，児童ではない第三者による分析枠組みを考えていく必要がある。

1.3 本研究の視点

　前節で概観してきたように，従来の授業研究では，その中心的関心は教師の教授方略や児童の学習過程といった「教え－学び」行動であった。確かに，学校現場で行われている授業の基本的な目標は「子どもを教える」ことである。実際に文部科学省は授業を遂行するためのガイドラインとして，単元ごとに「学習指導要録」を提示している。そのため，単元ごとまたは授業ごとに立案する教師の教授目標や教授方略は，「教える」ということに直接関わるものであり，また，授業の成果にも直接的に影響を及ぼすであろうと推察できるために重要である。同時に，児童の学習過程を解明することも，児童の学力向上という点に関して，重要であることは疑いのない事実である。

　しかし，1.2.2節で詳述した藤田（1995b）の研究でも明らかなように，現行の義務教育が学力の固定化を産み出しているというのもまた，まぎれもない事実である。つまり，学校教育という一つのシステムが，出来る子はどんどん出来る子に，出来ない子はさらに出来ない子へと導いてしまっているということでもある。いわば，小中9年間の義務教育システムが学力格差に寄与しているということでもある。この藤田の知見は，小学1年から中学3年までの9年間の継続調査により明らかにされたものである。それぞれの学年を独立して検討したのではなく，義務教育という一つの連続したシステムとして検討した結果，明らかにされたものである。教育は常に連続性を持って行われている営みとい

える。このような教育の連続性は，授業という営みにおいても当てはまる。授業は1日1日，単元ごとにそれぞれ独立して行われるものではなく，日々の繰り返しの連続として行われている。特に，初等教育の場合，多くの学校がクラス担任制を取り入れているため，一人の教師の授業が，科目や時限によらず，繰り返し行われている。このような日々の繰り返しの中で，教師は授業を運営し，児童はその影響を受けている。

もし藤田（1995b）が指摘しているように，現行の義務教育が学力の固定化を生み出しているのであれば，教育の成果と授業の実践との間に因果関係を想定できるため，日々の授業にその要因を求めるという視点も的外れとはいえない。学校現場において様々な問題が現出している近年，日々繰り返し行われている教師の授業実践が児童にどのような影響を及ぼしているのかという視点を持って，再度，学校や授業を検討していくことは，教育現場に生起する種々の問題の解決の糸口を探る上で，重要な示唆を与えてくれるであろうと期待される。

また，授業は教師と児童の相互交渉により成立している。授業を分析する際に，授業中の教師，または児童の行動のみではなく，教師と児童の相互交渉により立ち現れてくる授業という場を対象とした分析を行う必要がある。言い換えれば，授業を構成する構成員の行動を分析するミクロな視点と同時に，授業そのものを鳥瞰的にみるマクロな視点も必要になってくる。

授業を対象として研究を行う際には，様々な視点が考えられる。本研究では，上記の問題意識に立って，授業の記述を試みる際に，以下の二つの視点をもって分析を行う。

第一は授業内での教師の行動が日々継続している行動であるという視点である。授業を「教師と児童のコミュニケーションの連続体」として捉え，その教師と児童のコミュニケーションが，日常の営みと同じように，日々継続して行われているという視点をもつことが現在の教育問題を考える上で重要なことだといえる。日々の授業は教師と児童の相互交渉により成立している。そのような日々の繰り返しが児童に影響を及ぼしている可能性は十分想定できる。

第二は，[授業という場]を把握するという視点である。確かに，授業は教師と児童の相互交渉により立ち現れてくるものであるが，個（教師・児童）に視

点を当てることにより，全体（授業）がみえてこない可能性が考えられる。［授業という場］は，固定化された均一的空間ではない。教師や児童の反応により，常に変化しうる流動的な空間である。授業を対象に分析を行う際には，このような流動的な［授業という場］を把握する視点も大切である。そのために，本研究では，「授業を構成する構成員（教師・児童）の活動」と「その活動によって成立する授業という場」を分けて検討を行う。このような視点を明確にすることによって，授業を微視的・虫瞰的に把握するとともに，巨視的・鳥瞰的に把握することが可能になると考えられる。

第2章
授業研究の概観

　第1章では，現在の学校現場で起きている問題を概観し，それらの問題の背景にある考え方の検討を行ってきた。さらには，学校教育の中心が授業であるという考えのもと，日々，教育現場で行われている授業という営みについて，どのように捉えることが可能かという点について概観し，授業を考える際の視点の整理を行ってきた。本章では，これまで数多くなされてきている授業を対象とした研究についての整理を試みる。従来の授業研究では，その中心的な関心が「教師の教授方略・児童の学習過程」にあったといえる。しかし，前章で検討したように授業は「教える－学ぶ」という教師から児童への一方的なベクトルだけで成り立っているわけではない。本書では，授業を「教える－学ぶ」場としてではなく，「教師と児童のコミュニケーションの連続体」として捉える視点をとる。また，授業という場を自明のものとして捉えるのではなく，授業がどのように成立しているのかという視点も大事になってくる。本章では，上記の視点に立ち，従来，様々になされている授業研究を「教授学習過程」の観点ではなく，以下の二つの観点から捉えなおすことにする。第一は教師が授業中に行っている行動を明らかにするという観点である。第二は授業という場を把握するという観点である。

2.1　教師の教授行動に関する研究

　授業中の教師の行動は大別すると，言語的なものと非言語的ものに分けられる。
　対人関係において，言語的なコミュニケーションが重要な役割を果たしていることは，従来，多く指摘されている。大坊（2001）は対人的なコミュニケー

ションを考えていく上で，2者間の相互作用は基本形であり，豊富な洞察の機会を与えると指摘している。実際に，小川（2003）は二者間での発話量の均衡状態が会話に対して快印象を生じさせる可能性があることを明らかにした。また，山口ら（1989）は生徒と教師の親密さの程度はコミュニケーションの度合いによって異なると指摘している。このように，対人的なコミュニケーションは，その両者の情意的な側面にも影響を与えていると考えられる。このような言語的コミュニケーションは一斉授業を構成している中心的な要素でもある。

2.1.1 授業における言語コミュニケーション

1. 教室発話の特殊性

教室内における発話の特殊性は，従来，様々な立場から指摘されている。家庭と教室ではその社会的文脈が異なっており（例えば Wells, 1986），教室という場において，児童は状況依存から文脈依存へとそのコミュニケーションスタイルを変化させる（例えば清水・内田，2001；高木，1987）。学年があがるに伴い，教師や他児童との会話の中で，児童は生活言語である「一次的ことば」に加えて，脱状況化された不特定多数へ伝達される「二次的ことば」を習得する（岡本，1984）。また，構文的に省略が多く接続詞が少ない「制限コード」から，主語，目的語，接続詞などが明確化されている「精密コード」を習得する（Bernstein, 1971）。その変化の過程である初等教育の場において，教師は家庭文化と学校文化を媒介するものとして存在し，それらの言葉を媒介するところに教師の教育的行為が存在する（岡田，1998）と指摘されている。媒介者としての教師は，同時に権威を帯びた存在として認知され，「権威主義的」言葉を使用する存在でもある（Bakhtin, 1981）。一対多で展開される一斉授業においては，教師は児童との相互交渉をはかる一方で，授業自体を統制していかなければならない。そのため，Bourdieu（邦訳1999）は教師によるコミュニケーション行為には技術的機能と表現的機能の二つの機能が内在していると指摘している。技術的機能とは個別的な内容，つまり発話内容を相手に伝える機能であり，表現的機能とは教師によるコミュニケーションの仕方そのものが伝える事柄の一部分となっている機能である。この教師のコミュニケーションに含まれる表現的機能が，教師と児童のコミュニケーションに特権を与える傾向がある

と指摘されている。日々繰り返される教室内での教師と児童のこのようなコミュニケーションの積み重ねの中に，公共文化を代表する大人としての教師の権威が顕在化してくるのである（岡田，1998）。

このような教室内でみられるコミュニケーションの特徴は，学校文化特有のものであると考えられる。そのため，学校教育の中心的な場である授業の中においても同様の特徴がみられるものと推察される。1960年代後半より，授業場面における教師と児童のコミュニケーションの詳細な分析が行われるようになり，授業内における発話には，明示的・暗黙的に定められた教室特有のきまりがあることが明らかにされた（Weinstein, 1991）。具体的には，一度に話すことができるのは一人だけである（Wallat & Green, 1979）ということや，教師の指名を無視して発言すれば正しい答えを言っても教師に受け入れられない場合がある（Mehan, 1979）などが明らかにされた。これらは，授業内特有のルールであり，児童はそれに従って発言することを強いられる（清水・内田，2001）。そのため，児童たちは，暗黙的・明示的に示されるそれらの教室ルールに対して，非常に敏感になっているという報告もなされている（Green & Harker, 1982）。このような研究の成果は，従来，ルーティンとして片づけられていた教室での相互交渉が，実はその裏では複雑なルールに支配されていること，そしてそれらの教室ルールに児童が従っていることなどを明らかにした。

このように授業という場におけるコミュニケーションもまた，授業特有の特徴を有している。その特徴の根幹にあるのが，授業内の相互行為システムといえる。Mehan（1979）が指摘しているように，授業の進行は，教師が児童に対して説明・発問し（Initiation），その教師の発問に対して児童が応答し（Reply），さらに教師はそれに対して評価を行う（Evaluation）という基本構造を有している（I-R-E構造）。このように授業の中でも，授業進行の基本構造（暗黙的ルール）が成り立っている背景には，先に述べたように教室内で教師の権威が顕在化していることが挙げられる。教師の発する問いかけは，児童にとっては未知の事柄であるが，教師自身にとっては既知の事柄である。換言すれば，授業内のコミュニケーションは教師の発する言語コード（規則）を，児童がまだ内在化していない状態であり，それを獲得する段階のコミュニケーションといえる。それゆえ，教師の権威に児童が追従することによって成り立っているコミ

ュニケーションであると捉えることができる。一般的な会話規則に反するこの構造は授業内コミュニケーション特有のものである。

　浜田（2003）はこの「I-R-E」構造を「試す‐当てる」的コミュニケーションであると捉え，児童が教師の権威を認めて初めて成り立つコミュニケーションであると指摘している。また，Cazden（1988）は，この「I-R-E」構造を教師のモノローグとして捉えている。すなわち，教師の語りが質問に形を変え，さらには，児童の応答という形に変わり，評価で再び教師の語りの中に見出されるだけであると指摘している。つまり，最初の教師の語りが，その内容を変えずに，形式だけ児童の応答という形をとって現出し，再び教師の評価という形をとって表れてくる。このCazden（1988）の指摘は，「I-R-E」構造の中核をなしているのは，結局，教師の語りだけであり，そこに児童の主体的な意思が出てくることはないことを示唆している。しかし反対に，岡田（1998）はこの特徴的な授業内コミュニケーションは，児童のモノローグであるという指摘をしている。児童は教師に「超越的第三者」[1]を投影し，この自ら投射した超越者を相手に対話している。つまり，この「I-R-E」構造は，児童の視点からみれば，児童のモノローグであり，結局，授業時間内の全てのコミュニケーションは児童と児童自ら投射した超越者との対話に過ぎないということである。さらに大澤（1990）は，授業内のこの児童のモノローグが，先に示したディスコースの文化間移行を成し遂げると指摘している。授業進行の根幹をなす「I-R-E」構造は，教師にとってもモノローグであると同時に，児童にとってもモノローグであると捉えることができるのである。

　このように授業におけるコミュニケーションは，授業特有の暗黙的・明示的ルールに則って行われており，一般的な会話とは異なる特殊なものであるという見方が多くなされている。しかし，柄谷（1986）は，コミュニケーションとは言語コードを共有しないものとの間にのみあるものとして考え，授業内にみ

1）　このような岡田（1998）の指摘の背景には，大澤（1990）の考えがある。大澤（1990）は子どもが言葉を一番初めに習得する際，「設問‐応答‐評価」の会話構造が母親との間に存在すると指摘している。そして，このような会話構造が成り立つには，教える側（母親）が教える内容について，相対的ではない，絶対的・超越的な「正しさ」を備えていることを子どもの側が承認していなければ，とても成り立たない構造であると指摘している。この点において，大澤（1990）は，子どもが母親に「超越的な第三者の審級を投射」していると述べている。

られる「教える‐学ぶ」関係こそが，真の他者と向き合うコミュニケーションであると主張している。

2. 授業内の発話分析

　以上検討してきたように，授業内におけるコミュニケーションの特殊性は，暗黙的・明示的に示される授業（教室）ルールにあるといえる。また，そのルールに則って授業が進行し，教師と児童のコミュニケーションが行われている。そのため，従来，教師と児童のコミュニケーションに焦点を絞った実践研究は多くなされている。授業内での教師と児童の言語的な相互交渉の研究は，その分析対象から大きく二つに分けられる。一つは，授業内で交わされる教師と児童の全発話を分析対象とする研究である。二つは，特定の役割を担っている発話や特定の発話や行動を取り上げて，その発話や行動が担っている意味・機能を明らかにする研究である。このような授業内の相互交渉の研究では，その多くが以下の二つの手法のどちらか，あるいは二つを併用して行っている。一つは授業の発話記録をカテゴリー化して行う分析である。二つはエスノグラフィー（ethnography）と呼ばれる手法を用いて行う分析である（Heath, 1982）。前者の分析手法は，漠然とした授業の営みに，科学的基礎を用いた（Gage, 1978）ものであり，各発話にカテゴリーを当てはめることによって，直接，目にみえない教師‐児童の相互交渉を目にみえる形にする（野嶋，1998）という点で重要である。後者の分析手法は，元々人類学に端を発し（Dobbert, 1981），社会学の影響を受けて確立された手法であり，参与観察を中心とした多様な方法・情報源を用いて[2]（Wilcox, 1982），解釈的に様々な事例を読み解くことにその特徴がある。事例を多様に集め，解釈的に分析していくことによって，客観的な明文化されたルールではなく，参加者にとってのその状況の意味・参加者の意図等を理解することに役立つ（Measor & Woods, 1983）という点で重要である。

　授業内での全発話を分析対象とした代表的な研究に，Flanders（1970）の研

2）エスノグラフィーによる情報源の取得方法の中心は参与観察であるが，ビデオ撮影等の機械，インタビュー，質問紙，既成の資料（教科書・カリキュラム・生徒の作品）等，多様な方法を用いて行われている（藤崎，1986）。

究が挙げられる。Flanders（1970）は，FIAS（Flanders' Interaction Analysis System）という独自の発話カテゴリーの作成を行い，授業内の全発話を教師発話と児童発話，沈黙の三つに分類した。さらに教師発話を児童への影響という観点から直接的影響（3カテゴリー）と間接的影響（4カテゴリー）の二つに大きく分類し，児童発話は応答と自発性の二つに分類した（Table 2-1）。授業においてそれらのカテゴリーの生起を検討することにより，授業の特徴を把握しようと試みた。また，Bellackら（1966）は教室発話を教授学的意味（構造づけ，誘い，応答，反応）・話の内容（題材的意味，題材 – 論理的意味，指導的意味，指導 – 論理的意味）・話者の各カテゴリーを組み合わせて教師の教授行動の科学的分析を行った。さらにHough & Duncan（1970）は教師の教授行動および児童の学習行動の改善を目的に，OSIA（Observational System for Instructional Analysis）というカテゴリーの開発を行った。OSIAは授業内の教師の発話を含む全行動を17のカテゴリーに分類するものであった。FIASやOSIAは，後の授業研究に大きな影響を与えたという点で，きわめて重要な位置を占める（加藤，1977）。日本でも，これらの影響を受けた研究は数多くなされている（例えば岸，1981；塚田，1983）。しかし，これらのカテゴリー化にはいくつかの問題点も指摘されている。その一つは，発話を直前直後のつながりでのみで捉えているため，授業全体での各発話の位置が捉えられないという点である（藤崎，1986）。また，何についての発話であるかが明確でないという点も挙げられる。授業内の発話の特徴として，常にその背後に「課題」が存在

Table 2-1 FIAS (Flanders' Interaction Analysis System)

教師の発言	間接的影響	①感情を受け入れること ②ほめたり，勇気づけること ③アイデアを受け入れたり，利用すること ④発問すること
	直接的影響	⑤講義すること ⑥指示すること ⑦批判したり，正当化すること
児童の発言		⑧生徒の発言 – 応答 ⑨生徒の発言 – 自発性
		⑩沈黙あるいは混乱

しているため，カテゴリーに課題を組み込む必要があるという指摘もなされている（Griffin, Cole, & Newman 1982）。

　以上検討してきたように，授業内の教師の教授方法の特徴を明らかにするために，従来，多くの研究では，カテゴリーを開発して，授業内の発話をコーディングすることで明らかにしてきた。しかし，カテゴリー分析では先述したような，前後のつながりが明らかにされないという問題点があると同時に，カテゴリー自体が恣意的であるという指摘もなされている。そのような問題点をクリアするため，カテゴリーを用いずに授業中の教師の発話を定量的に分析する手法として柴田の一連の研究が挙げられる（柴田，1996；1997；1999）。柴田は授業構造を明確にするため，授業中の教師・児童発話の出現頻度を計測し，授業の文節構造を特徴づける手法を開発している。この手法を用いることによって，授業の文節構造はより明確に記述することが可能になったといえる。

　教師の授業内における特定の発話や行動を分析対象とした研究も数は多くないが，近年行われるようになってきている。藤江（2000a）は，教師の復唱を教室における個別の「言語現象」として捉え，カテゴリー分析と発話事例の解釈的分析を行うことで，教師による復唱が明示的評価の回避や授業進行の主導権の維持などの機能をもつことを明らかにしている。従来の授業研究においては，授業中に行う教師の復唱は，教師の教授行動から考えると意味のないものとして捉えられてきた。藤江（2000a）の研究の意義は，教師の授業中の発話がもつ意味を，教授学的に捉えなおしたところにあるといえる。また，磯村ら（2005）は，小学校低学年の授業場面で，教師の「みんな」という発話に着目し，「みんな」という発話のもたらす授業内での機能について検討を行った。その結果，授業の中で「みんな」という聞き手の存在を導入することが，一対一から一対多へとその参加構造を転換させるきっかけとして機能していることを明らかにした。磯村ら（2005）の研究の意義は，教師の発話が授業内での児童の授業参加構造を変容させる可能性を示唆しているところにあるといえる。さらに佐々原・青木（2012）は，授業の話し合い場面に「引用」を用いることの効果の検討を行っている。その結果，「引用」を導入した授業を行うことによって，児童一人ひとりの発言に「結びつき」が生じることが明らかとなった。この結果は，授業内での発話の差異が，子どもの授業への参加様式に影響を及ぼし，さらに

は，子どもの学びにも変化が生じる可能性があることを明らかにした点で重要であるといえる。

　これらの知見より，一般的な会話ではあまり意味を有していないと思われる発話でも，それが授業場面で行われると，そこに何かしらの教授学的な意味が付与されることが推察できる。

3. 授業内の教師－児童の相互交渉

　前節では，教室内の教師の全発話や特定の発話に関する研究を概観してきた。しかし，一対多で展開される一斉授業の場合，その進行に際しては，Mehan（1979）の指摘している I-R-E 構造を中心になされている。この構造の中で I（Initiation）と E（Evaluation）は教師の児童とのかかわりであり，児童に対して，非常に大きな影響を与えていると考えられる。この I-R-E 構造の I は教師の児童への働きかけ，E は授業中の児童へのフィードバックとも捉えることが出来る。そこで本節では教師の授業内の特定の行動として，教師の児童への働きかけと児童へのフィードバックに関する研究について概観していく。

　教師は，授業が始まると授業計画に沿いながらも，子どもの状態に応じてその都度，意思決定をしていかなければならない（吉崎，1998）。子どもの反応が，常に教師の意図したものであることは少なく，授業計画から大きくそれることも多い。そのような状況のとき，教師の力量が問われる。吉崎（1988）は Peterson & Clark（1978）の教師の意思決定モデルを踏まえ，教師はモニタリング・スキーマを用い，計画と実態のズレが許容範囲を超えたとき，代替策をとると指摘している。このような教師の力量が最も問われる場面として，児童の予想外応答場面の研究が挙げられる。樋口（1995）は小学校1年から小学校6年までの6学級を対象として，授業中の児童の予想外応答場面における教師の意思決定モデルを児童の予想外応答が教師の予想水準以上と以下の場合にわけ，検討を行った。その結果，いくつかの重要な知見が得られた。児童の応答が教師の予想水準以上の場合には，教師は児童の応答に同意したり，他の児童に指名を続け，指導計画を大きく変更せずに授業を進行させるが，児童の応答が予想水準以下の場合には，教師は児童に意見の修正を求めたり，否定をするといった対応を行い，児童の応答を教師の解釈に近づけようとする傾向がみら

れた。また，岸野・無藤（2005）は小学校 2 年の算数と国語の授業 44 時限分を対象に，授業進行から外れた子どもの発話に対する教師の対応の検討をカテゴリーによる数量分析と発話事例の解釈的分析から行った。その結果，授業を構造化する対応[3]，学習指導に取り入れる対応，学級内の人間関係調整に関わる対応の 3 つの対応を教師は行っていることを明らかにした。これらの 3 つの対応は，固定的なものではなく，必要なレベルに応じて移行されながら対応されるものであることが示唆された。

このような研究は，児童へのフィードバック研究の中で，教師側の対応に関する研究である。次に，教師の児童へのフィードバックが児童に与える影響の研究について概観していく。教師の教室場面での児童への働きかけが，児童の学習意欲に様々な影響を与えているという指摘は多くなされている。橋本（1966）は，テスト返却時の返却方法の違いが児童の学習意欲に差異をもたらすと報告している。認知的評価理論によれば，フィードバックなどの外的事象は，自己決定感を低めることによって，内発的動機づけを低める影響（制約的側面）と有能感を高めたり低めたりすることによって，内発的動機づけを高めたり低めたりする影響（情報的側面）の 2 つの影響があるとしている（鹿毛，1994）。また，高崎（2001）は，原因帰属理論を用いて，教師の児童へのフィードバックを 8 つのカテゴリに分類し，テスト結果の返却時にそれら 8 つのフィードバックの違いが児童の学習意欲に与える影響の発達差について，失敗場面と成功場面にわけて検討を行った。その結果，成功場面において発達的な変化が認められ，失敗場面においてはポジティブなフィードバックが低学年，高学年ともに意欲の上昇を引き起こしたという知見が得られた。

これまで検討してきた研究は，授業内における教師から児童へのフィードバックの研究であり，児童の側から考えれば教師のこのようなフィードバックは評価として認識される。しかし，授業内での教師の児童へのフィードバックは評価という明確な形を伴って行われるだけではない。児童の授業内での行動に対して，教師がとった行動が児童に何かしらの影響を及ぼすのならば，それは

3） 岸野・無藤（2005）の指摘する授業の構造化とは，授業の形式的な面に着目し，他者の発話に割り込んだ発話等の授業進行を妨げるような児童の行動に対して，教師が明確に注意を行い，授業を整然とした形に戻し，進行させることを表している。

教師の児童へのフィードバックと考えることも可能である。例えば，授業内での教師から児童への働きかけとして，指名行動が挙げられる。藤田（1995）は教育実習生が行った小学校6年の算数の授業で，子どもの挙手の回数と指名された回数との関連を検討した。その結果，全児童29人のうち1回も挙手をしなかった子は2名であり，27人は平均5回手を挙げていた。しかし，13回手を挙げて4回指名された子もいる中で，10回手を挙げても1回も指名されなかった子もいることが明らかになった。この研究では，指導者は教育実習生ではあったが，この結果より，教師はある程度恣意的に指名行動を行っていることが示唆された。

これまで見てきたように，教室内の教師と児童の言語的な相互交渉は，一般的な相互交渉と異なり，かなり特殊な形態をとっていることが分かる。教師は児童の反応を踏まえた上で，その都度，意思決定を行い，ある程度，恣意的に相互交渉を進めているといえる。

■ 2.1.2　授業における非言語コミュニケーション

前節では，教師の授業中の言語的なコミュニケーションを中心とした研究を概観してきた。しかし，人は自らの気持ちや意志の全てを，言葉によって伝えているのではない。身振りや手振り，表情などの言葉を使わない非言語コミュニケーションは，人と人の間のコミュニケーションにおいて非常に重要な意味を持っている。ここでは，授業中の教師の非言語コミュニケーションについての研究を概観していく。

授業においても，教師の非言語コミュニケーションが，児童に大きな影響を与えていると考えられる。三隅・矢守（1989）は，教育実践の場に特徴的なものとして，教師の「親近・受容的影響力」の存在を挙げている。Cogan（1958）は中学校教師の教室内の行動を観察し，教師の親和的行動・融和的行動・愛育的行動が生徒の自発的な学習態度と密接に関連していることを明らかにした。それに関連して，河野（1988）は，常ににこにこしていて，積極的に児童に話しかける高親和的教師と，常に無表情あるいはきつい表情をしていて，事務的に必要最低限のことしか話さない低親和的教師の二人の教師が児童にどのような影響をあたえるのか実験的授業を通して明らかにした。その結果，高親和的

教師に接した児童のほうが、高い学習成績を修めたと報告している。また、大河原（1983）は、教師の教授行動の際に、教師の身振り・手振り等の例示動作に代表される身体動作が児童の学習効果を高めることを実験的に明らかにしている。これらの先行研究の知見は、教師の親近性や親和性に非言語コミュニケーションが関わっており、児童にある程度影響を及ぼしていることを確認するものである。

このように教師の表情をはじめとする非言語行動が児童に様々な影響を及ぼしていることは明らかである。しかし、実証的な立場から、授業中の教師の非言語行動やそれに対する児童の影響などを本格的に取り上げて検討した研究は殆どみられない。その理由として、第1章で検討したように、授業という場を教師の教える場として捉える視点から、授業分析においても教師の話し言葉である言語コミュニケーションに重点が置かれていたと推察できる（大河原, 1983）。しかし、言語コミュニケーションは単独で生じることは殆どない。たいていの状況では、言語コミュニケーションは非言語コミュニケーションとともにおこり、言語・非言語メッセージの両方の結合した影響から意味を引き出している（Richmond & McCroskey, 邦訳 2006）。当然それは、授業場面に対しても当てはまる。言語コミュニケーション過程に非言語コミュニケーション過程を加えて初めて、授業過程の全体的把握が可能となる（大河原, 1983）。

授業場面において分析対象となる非言語コミュニケーションは大別するとTable 2-2 の三つに分類できる（Knapp, 1978; Smith, 1979a, b; Levy, 1979；大河原, 1983）。一つめは、非言語行動と言語行動の中間的なものである。このカテゴリーには発話の際の声のトーンやスピード、イントネーションなどの準言語と児童の反応に対する間や次の指示に移るまでの間など人間の情報処理に要する間合いなどが含まれる。二つめの身体動作は目の動きや首の動き、指・手

Table 2-2　授業中の非言語カテゴリー

非言語行動	定義
1. 中間的なもの	準言語（声のトーン、イントネーション、抑揚）
	間合い（情報処理に要する時間）
2. 身体行動	目の動きや首の動き、指・手の動き
3. 対人距離	児童との距離（机間巡視や教師の立ち位置）
	接触行動（さわる、なでる）

の動きに関わるもので，言葉に代わって肯定的または否定的なフィードバック情報を伝えるものと考えられる。三つめは対人距離である。これは児童との距離であり，これまで机間巡視に関連して取り上げられていたものである。教師が教室内のどの場所を占めて教授するかは，授業を分析対象とする場合，重要となってくる（Hesler, 1972）。また，この距離の特別な場合として，さわる，なでるなどの接触行動もこのカテゴリーに入る。

　先述したとおり，授業内における非言語行動は児童に直接影響を及ぼしている可能性があるが，その一つひとつを実証的に分析した研究は殆ど見られない。また非言語行動は無数にあるため，全て検討することも難しい。ここでは，非言語行動のうち上記の各カテゴリーの中から児童に影響を及ぼす可能性が高い，以下の3つを取り上げて先行研究およびその関連分野について概観する。言語行動と非言語行動との中間的なものとして時間（間合い）を，身体行動として視線を，対人距離の一つとして，教師の立ち位置を取り上げる。

1. 視　　線

　視線は，対人コミュニケーションにおいて重要な役割を果たしている（松尾, 1999）。Patterson（1983）は，非言語コミュニケーションの機能の一つである「親密さの感情表出」の中で，視線の動きについて触れている。「親密さの感情表出」は，人と人との関わりの基礎となるものであり，非言語コミュニケーションの持ついくつかの機能の中でも，対人関係の根幹をなすものであるといえる。また，西阪（1997）は，相互行為的現象として「見る」ことを捉え，「見る」ことは社会的活動に埋め込まれていると述べている。すなわち，人と人とのコミュニケーションに，「見る」こと，つまり視線は密接に関わっており，切り離して考えることはできないものである。授業場面においても，同様のことが言える。一斉授業における教師の視線は，児童にとっても非常に大きな意味を有していると考えられる。また，一斉授業における教師の視線を分析することは，教師の授業方略という観点に立って考えてみても，自らの授業を見直す契機になると同時に教師の力量向上にも寄与する可能性も報告されている（笹村, 1998；三尾・藤田, 1996）。

2. 立ち位置

授業中の教師の立ち位置に関する研究は殆どなされていない。しかし，社会心理学や教育・臨床心理学の領域では，空間に占める個人の位置の重要性はしばしば指摘されている（例えば Hall, 1966；田中, 1973；山口・鈴木, 1996）。山口・鈴木（1996）は，教室内の座席配置が気分に及ぼす影響を実験的に明らかにした。その結果，2者が近距離で座るほど緊張感と親密感がともに高くなることが示唆された。このように，対人関係の中での位置は，互いの気分や気持ちに影響を及ぼすといわれている。授業中，教師は同じ場所に立ち続けているわけではない。様々な位置に移動しながら授業を展開していることは経験的に明らかである。授業時間内の教師の立ち位置の変遷を考えることは，同時に机間巡視等の教師の授業中の動きを考察することでもある。吉崎（1997）は，教師の机間巡視の目的として次の二つを挙げている。一つは学級全員の子どもの思考や理解の状態を把握することであり，二つはつまずいている子どもを個別指導することである。渡部（1997）は，机間巡視中に教師が収集する情報は，学習課題等に対して児童が示した理解および解釈等に関するものが半数以上を占めていることを明らかにした。これらの報告より，教師は授業中，机間巡視することにより，様々な情報を得ており，これらの情報をもとに授業のマネージメントを行っていると考えられる。このような机間巡視等を含めた教師の授業中の行動は，授業内の教師の立ち位置に現れてくる情報である。教師の立ち位置は，教師にとって日常的な行動であるとともに，教師の持つ教授方略の一つとも考えられる。

3. 時　　間

浅田（2002）は，授業分析における時間変数の重要性を指摘している。先に示した Flanders（1970）の FIAS でも「沈黙，混乱」というカテゴリーが設定されている。その理由として，教師，児童どちらからの発話もない時間は，それがどのくらい続くのか，どのような状況で発現するのかということに大きな意味を持つと同時に，そのような間（時間）が授業に与える影響が大きいと推察できる。授業での待ち時間に関する研究の中で Rowe（1986）は教師が発問したあとの待ち時間と子どもの反応後の待ち時間を測定し，待ち時間の境界値

は2.7秒であり，1秒以下と約3秒とのわずか2秒の差が教師・子どもの行動や思考に影響を与えることを明らかにした。このように授業分析において，時間変数という視点の取り入れは教師の授業方略を考えるという点においても大きな意味を有していると考えられる。

2.2 授業を評価する先行研究

　前節で概観してきた研究は授業内における教師の教授行動に関するものである。1.2節で検討してきたように，「授業」が教師と児童のコミュニケーションの連続体として現れるものであるならば，「授業」という場から，教師や児童の行動を独立して抜き出すことは出来ない。そのため授業という場そのものを客観的に考えていく必要がある。

　授業自体を客観的に測定する指標の一つとして雰囲気が挙げられる。Bollnow (1964)は教育にとって不可欠な前提条件として，「教育的雰囲気」という概念を取り上げている。Bollnow (1964) によれば，教育的雰囲気とは「教育者と子どものあいだに成立し，あらゆる個々の教育的行為の背景をなす情感的な条件と人間的な態度の全体を意味する」と定義している。このように教育において，その場を形成する雰囲気の重要性はよく主張されている。本節では，現在の教育現場における雰囲気研究について概観していく。

■ 2.2.1　教育現場における雰囲気研究

　これまでの教育研究の中で，学級風土や学級雰囲気の記述は多数行われている。海外では学級を個人のように扱い，その個性を学級風土 (classroom climate) として質問紙で調査する方法が整備されてきた（伊藤・松井, 1998）。例えば，CES (Classroom Environment Scale; Trickett & Moos, 1973; 1995) や，LEI (Learning Environment Inventory; Walberg, 1969; Fraser, Anderson, & Walberg, 1982) は，代表的な学級風土質問紙として挙げられる。わが国では，CESやLEIの部分的な利用（古川, 1998；平田・菅野・小泉, 1999）や，CESやLEIを参考にしながらも，我が国の教育内容の特徴を反映した項目を新たに作成した学級風土質問紙作成の試み（伊藤, 1999）やその妥当性の検討（伊

藤・松井，2001）が行われている。また，学級風土が児童・生徒の学習意欲を左右する（Moos & Moos, 1978）ことや，精神健康に影響を与える（伊藤・松井，1998）ことも知られている。

　さらに，教室の雰囲気を教室の目標構造から検討する研究も多くある。教室の目標構造は，それぞれの教師の方針であり，子どもに伝達され知覚される（Ames, 1992; Ames & Archer, 1988; Roeser et al., 1996）。三木ら（2005）は教室の雰囲気は，児童に教室の目標構造として伝わると指摘している。教室の目標構造として，熟達目標構造と遂行目標構造がある。熟達目標（mastery goal）は課題の熟達を通して自分自身の能力の発達と向上を目指すものであり，遂行目標（performance goal）は他人との相対的な比較によって高い能力や評価の獲得を目指すものである。児童が教室の雰囲気として，どちらの目標構造を知覚しているかによって，児童個人の目標志向を規定するとされている（Anderman & Anderman, 1999; Roeser et al., 1996）。このような教室の目標構造を測る指標としてPALS（Patterns of Adaptive Learning Scale; Midgley et al., 2000）が開発され，三木ら（2004）による日本語翻訳版も作成されている。また，教室内の目標構造が児童・生徒の学習行動や学級への態度に影響を及ぼすことも報告されている（Ames & Archer, 1988；三木・山内，2005）。熟達志向的な教室の雰囲気のもとでは，誰もが環境からの期待にこたえることが出来るという指摘もある（Pintrich, 2003）。さらに，学級雰囲気を自律－統制の観点から捉え，自律的な雰囲気が生徒の学習への動機づけや適応に重要である（deCharms, 1968; Deci, 1980）という報告もなされている。

　また，教師の学級内での影響力に関しても様々な視点からの研究が行われている。三隅ら（1977）は教師の顕在的な影響力であるリーダーシップに焦点をあて，「教師のリーダーシップ行動尺度」を作成し，教師の指導行動の類型化を行った。さらに，教師の潜在的な影響力である勢力資源に焦点を当て，生徒・児童のスクール・モラールとの関連や児童への影響に関する研究も多数行われている（例えば田崎，1979；狩野・田崎，1990；塚本，1998；大國ら，1999）。これらの研究は，学級に対する教師の影響力に関するものとして捉えることができる。

■ 2.2.2　授業の場における雰囲気研究

　このように学級としての風土や雰囲気，教師の影響力については様々な分野から，多くの検討が試みられているにもかかわらず，学校という場において重要な営みである授業の雰囲気に関する検討は殆ど行われていない。その中で，吉崎・水越（1979）は児童による授業評価という観点から，授業における「学習集団雰囲気」の尺度作成を試みた。その結果，「活発さと明るさ」「規律とまとまり」「優しさと暖かさ」の3つの因子が抽出された。さらに，教師行動と学級集団雰囲気との関連分析によって，教師による「学習の仕方の指導」が十分になされている学級においては，「優しさ」「温かさ」が優れているという知見が得られた。

　授業場面における雰囲気の検討は，従来，授業中の教師と児童の発話研究の中で行われてきた。2.1.1節2．で取り上げた Flanders（1970）のカテゴリー研究は，本来，授業雰囲気の分析を目指して行われた。Flanders（1970）は，授業の雰囲気を分析することは，授業における教師の生徒に及ぼす影響のパターンの解明につながると指摘している。そのため，生徒に及ぼす影響のパターンを直接的影響と間接的影響の二つに区別した（Table 2-1参照）。直接的影響は教師の権威によりもたらされるものであり，間接的影響は生徒の自発性に働きかけるものである。換言すれば，教師の権威と生徒の自発性の二つが「授業の雰囲気」を形成する基本的な要因と考えたのである（加藤，1977）。

2.3　先行研究のまとめ

　2.1節で概観したように，授業内の教師の言語的コミュニケーションの研究は多くなされている。その結果として，教室（授業）に潜む暗黙的なルールの存在が明らかにされた。このような暗黙的なルールは教室内で教師の権威が顕在化することにより成り立っていると指摘されている。また，一斉授業における，教師と児童の相互交渉の詳細な事例研究により，教室内での教師の様々な言動には，教授学的な意味が付与されている可能性が示唆されている。具体的には教師の復唱が明確な評価の回避につながるという知見や，授業中の教師の

「みんな」という発話が授業内における児童の参加構造の変化をもたらすという知見などが挙げられる。このように先行研究の知見から，教室内での教師の発話が児童に対して持つ意味は非常に大きいと推察できる。さらに，教師は児童の応答に対応して，適宜，意思決定を行っていることも明らかとなった。このような教師の授業中の意思決定のメカニズムに関する研究は，授業の進行を考える上では，非常に有益な知見となる。ときに授業から逸脱する児童の対応に対して，教師は授業をマネージメントする必要もあり，その授業を運営・維持するところに教師の力量が現れてくると考えられる。さらに，授業中の教師の児童へのフィードバックは，直接，児童の心理面に影響を与え，学習意欲などの動機づけの効果になることも指摘されている。また，授業内の教師の非言語的コミュニケーションの重要性も強く指摘されている。教師の受容的な態度や親和性のある態度が児童の学習の促進につながる可能性が指摘されている。しかし，そのような教師の非言語的コミュニケーションを実証的に扱った研究はあまり行われてはいなかった。その理由として，授業という場を教師の教える場として捉える視点から，授業分析においても教師の話し言葉である言語コミュニケーションに重点が置かれていたという点と，実際の授業現場における教師の一連の動きの中から，特定の非言語行動を抽出し，分析する難しさという点の2点があることが考えられる。

　2.2節では，教育の活動を測る客観的指標として，教育現場における雰囲気研究を概観した。従来から，学級を一つの単位として，その雰囲気や風土を扱う研究は多くなされていた。また，動機づけの分野からは，教室がもっている目標構造をどう児童が認知しているのかという観点から教室の雰囲気を扱った研究がなされている。さらには教師の教室内での児童への影響力が教室（授業）の雰囲気に影響を与えているという視点から，教師のリーダーシップ行動尺度などの作成も行われている。このように，教室や学級の雰囲気に焦点をあて分析を行う研究は従来，多くなされているが，授業に焦点をあて，その雰囲気を分析した研究はあまりなされていない。一斉授業の雰囲気を直接，分析対象とした研究では，吉崎・水越（1979）の作成した「学級集団雰囲気」の尺度が挙げられる。これは，児童による授業評価の一環としてなされたものであり，児童が自ら受けている授業の雰囲気をSD法で明らかにするものであった。ま

た，教師と児童の相互交渉の分析から授業雰囲気を研究したものに，Flanders (1970) のカテゴリー分析がある。これは，授業内での教師と児童の発話の連続性を分析対象とし，そのカテゴリーの生起により授業の雰囲気を考えるものであった。

　このように先行研究の知見より，授業の成立・進行に関わる様々な要因に関して，多くの有益な知見が得られているが，同時に，いくつかの問題点を挙げることができる。一つには，多くの研究で分析対象が非常に限定的であるという問題が挙げられる。参与観察を基本とした研究であれば，分析対象として，一授業や一単元，一学級や一学年を対象としたものが殆どである。また，このように対象を限定しない研究においては，場面想定法を用いた質問紙法であったり，実験室的な環境を用意して行ったものなど，実際の授業という場から離れた研究が多くなされている。二つには，授業という場の記述が殆どなされていないという問題点も挙げられる。また，授業や教室を雰囲気という観点から研究しているものにおいても，その雰囲気を測定する際に，教師や児童という場の構成員の行動や主観によって測定がなされている。しかし，第一章で詳述したように，本来，場を考える際には，場の構成員から独立して場そのものを測る必要があると考えられる。

第3章 本研究の課題と目的

3.1 本研究の課題

　第2章では，これまで行われてきた授業研究の中から教師の教授方略以外の研究を中心に，先行研究を概観した。先行研究の知見より，一斉授業という特殊な場において，教師は様々な意識的・無意識的な行動をとっていることが明らかになった。また，状況に応じて，児童への対応や授業の進行を修正・決定していることも明らかになった。それらの行動が，授業の成立に大きく影響していることも示唆された。

　このように授業中の教師の行動に関する研究は多くなされ，様々な有益な知見が報告されているが，教師や児童が活動している「場」としての授業を客観的に検討している研究は殆ど見られない。しかし，第1章でも検討を試みたように，授業を「教師と児童のコミュニケーションの連続体」として捉え，授業から教師・児童を独立して抜き出すことが出来ないならば，教師・児童のコミュニケーションによって立ち現れてくる授業を，客観的に測定する必要があるといえる。

　そこで，第1章，第2章の議論を踏まえた上で，本研究では，以下の3つの課題を設定する。

　第一は教師の教授行動が日々繰り返されているという視点である。前章までの検討でも明らかなように，教師の教授行動は，日々継続して行われている。しかし，従来の授業研究には，この「日々継続して行われている教師の授業実践」という視点が欠けている。教師の日々繰り返される授業内での行動が，児童に影響を与え，さらには授業という場の雰囲気を形成していると考えられる

のであれば，「日々継続される教育実践」という視点は重要になってくる。このような視点に立って分析することによって，教師の授業内での行動の特徴が明らかになると考えられる。

　第二は1学年から6学年まで通した検討の必要性である。従来の授業研究においては，2.4節で述べたように，研究対象として1学級や1学年，1単元を対象としたものが殆どである。先に挙げた樋口（1995）の研究では，小学校1年から小学校6年までの6学級を対象として教師の意思決定モデルを明らかにしているが，その中で，児童の学年差による違いや教師の個人差についての言及まではなされていない。小学校における授業の特徴の一つに，教師による差異が挙げられる。一人の教師が特定の学級を責任もって担当するクラス担任制による丸抱えの指導が実施されているため，教師間で高い独立性がある（奈須，1997）。その結果，同学年・同教科であっても，教える教師によって，その指導方法，学級維持・運営の方法は変わってくる。また，1年から6年までクラス替えもなく同一教師が担任をもつことは非常に稀であり，たいていの場合，児童にとっては，卒業するまでの間に複数の教師が担任することとなる。そのため，学年の違いは，児童にとっては年齢の違いであるが，児童に対する教師は必ずしも年齢や教職年数の違いというわけではない。例えば，4年生を受け持ったあとに1年生の担任を受け持つこともあり，当然，教師の側から考えれば，児童とともに学年があがっていくわけではない。このような学校現場，特にクラス担任制を採用している初等教育の現場においては，教師は受け持っている学年に応じた複数の教授方略を有していることが期待される。また，反対に児童は，学年に応じた授業への参加スタイルを示すことが予想される。教師の示す教授方略と児童の学年に応じた授業への参加スタイルとの関連を明らかにするためには，1年から6年までの分析が必要になってくる。また，1年から6年まで，同一の教師が担任を受け持つことが殆どないという現行の教育形態は，日本の初等教育システムのもつ一つの特徴でもある。このような教育システムが，児童に及ぼす影響を考慮していく必要がある。授業は「学校」という特異なシステムの中に位置づけられ，そして実践されていることを踏まえると，「授業」を分析対象とする場合，1年から6年までの授業を対象にし，その中で生起している事象の記述を試みる必要がある。すなわち，「学校」という一つ

の単位での検討が重要だといえる。

第三は，ミクロな視点とマクロな視点の併用である。一斉授業の研究を概観すると，その内部で行われている教師と児童の相互交渉が主要な研究対象となりがちである。確かに，教室という場においては，社会的文脈の中で，ある一定のやり方で学習すること，例えば挨拶を交わす等の社会的な相互作用が望まれている（Shultz, Florio, & Erickson, 1982）。授業中の教師の行動や児童の行動，また，教師－児童間の相互交渉を研究対象にすることは意義のあることといえる。しかし，同時に授業を教師と児童のコミュニケーションの連続体として捉えるならば，教師と児童の相互交渉の結果として立ち現れてくる授業という場を客観的に把握する視点も重要になってくる。本研究では，教師と児童の授業内の相互交渉を研究するミクロな視点と同時に，授業そのものを対象とした鳥瞰的なマクロな視点の二つを併せもって分析していくことを課題とする。

3.2 本研究の目的

前節で述べた課題をもとに，教師が児童に働きかける最も重要な経路が授業である（近藤，1994）という指摘を考慮して，本研究では，実際に小学校で行われている一斉授業を連続的に観察することによって，「授業という営み」を記述し，授業の構造を明らかにすることを目的とした。その際に，「授業を構成する構成員としての教師と児童の行動」と，その結果として立ち現れてくる「授業」とを明確に区別した。具体的には，以下の3点を目的とした。

1. 授業中の教師の言語的，非言語的行動を取り上げ，定量的に測定することによって，教師の授業実践の特徴を明らかにすることを目的とした。（第4章）
2. 授業を客観的に測る指標として雰囲気に着目して，授業雰囲気の特徴を検討した。具体的には，授業雰囲気尺度の作成を行い，その妥当性の検討を行った。さらに，授業雰囲気と教師との教授行動，授業雰囲気の認知に関する特徴を明らかにすることを目的とした。（第5章）
3. 教師と児童の関わり場面を取り上げ，教師と児童の相互交渉の特徴を，

教師の授業内での行動の定量的測定および事例の解釈的分析により明らかにしていくことを目的とした。具体的には，教師と児童の関わり場面における教師の対応行動の特徴を明らかにした。教師と児童の関わり場面として，Mehan（1979）の指摘している授業内発話の特徴である「I-R-E」構造に着目して，教師の児童への働きかけ場面（I）と児童の応答への評価場面（E）に焦点化した。（第6章）

なお，本研究の枠組みと各章の関係を Figure 3-1 に示す。本研究では教師と児童のコミュニケーションの連続体を授業と捉え，第4章では，教師と児童の授業内の行動の分析を行った。第5章では，教師と児童の相互交渉の結果として立ち現れる授業という場の分析を行った。第6章では，教師と児童の相互交渉場面に着目して，授業内の教師と児童の相互交渉の分析を行った。

なお，本研究の分析は，第4章ではカテゴリーを用いた数量的分析，第5章では質問紙法によるデータの収集とその数量的分析，第6章では，カテゴリーを用いた数量的分析と特徴的な事例をもとにした解釈的分析を併用して行った。

本研究で解釈的分析を用いるのには以下の理由が挙げられる。カテゴリーによる数量的分析では，発話の全体的特徴の把握は可能であるが，一連の文脈としてなされた発話として捉えることが出来ない（藤崎，1986）という批判がある。発話と文脈は相互に影響を及ぼしあって生成し（茂呂，1997），生成された発話の運用は特定の文脈の中でのみ意味を有する（藤江，2000b）。そのため，各事例において着目する教師の発話が，どのように前後の発話と相互に影響を及ぼしているのかを把握する必要がある。また，事例の選択には，藤江（2000a,

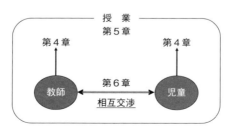

Figure 3-1　本研究の枠組みと各章の関係

2000b) の指摘を考慮して，当事者の意思や行為の解釈をより的確にかつ端的に示しうる事例を選択した．また，解釈の妥当性を高めるために，解釈の相互主観性を保証し（やまだ，1997），他の解釈可能性（南，1991）を開くことの必要性が指摘されている．そこで，事例の解釈を行う際に，以下の点について留意した．まず，事例における学習課題を明示した．また，事例における教師の課題や児童への要求を明示した．さらに，事例における教師の当該（分析対象）発話が，なぜ，生成されたのかということを談話の展開に即して述べた．解釈にあたっては，どのエピソードを取り出しても成り立ちそうな範囲で行った（無藤，1997）．

　また，本研究の全ての研究は，その分析対象授業が小学校の国語科の授業である．対象授業を国語科に設定したのには，以下の理由が挙げられる．国語という教科は小学校において基幹科目であり，言葉でのやりとりを中心に進められる教科であるといえる．本研究では，分析に発話分析や事例の解釈的分析を用いているため，言語的教科として国語を対象にした．また，内容的にも，覚えなければならない項目が少ないため，他教科と比較して習熟度において個人差が比較的少ない科目であると考えられ，初等教育の段階では児童のモチベーションに差異が少ないことを考慮したからである．

第4章
授業中の教師の行動に関する検討

　本章では，一斉授業の場における教師の行動に着目し，授業中，教師はどのような行動をとっているのか，その特徴を，数量的分析によって明らかにした。

　第1節（4.1）では，教師の授業中の全ての発話を分析対象とする。授業中の教師発話の特徴を明らかにするため，授業中の全児童発話も分析し，教師発話と比較検討することによって，教師発話の特徴を明らかにした。

　第2節（4.2）では，教師の授業中の行動として，最も児童に影響を与える可能性のあるものとして，教師の指名行動を取り上げ，その特徴を明らかにした。教師の授業中の行動として指名行動を取り上げたのには，以下の二つの理由が挙げられる。第一は，指名行動は授業中の教師の行動の中で，直接，児童と相互交渉をもたらす契機となる行動であるといえる。第二は，Mehan（1979）の指摘する「I-R-E」構造の中心となる行動と考えることが出来るからである。

　第3節（4.3）では，教師の授業中の行動を，より詳細に検討するため，同学年の同内容の授業を展開している2クラスを対象とし，事例研究的に2クラスの比較検討を行った。分析対象とした教師の教授行動は，言語的な行動として授業内発話を取り上げ，非言語的なものとして教師の授業中の視線・立ち位置・待ち時間を取り上げた。

4.1　一斉授業における教師・児童発話の特徴（研究1）

■ 4.1.1　目　　的

　本節では，授業を構成するコミュニケーションの大きな要因として発話に焦点をあて，授業内で生起する教師−児童の発話を基に，授業実践の記述を試み

た。具体的には，授業中の教師・児童の言語行動を定量的に測定することを通じて，教師一人ひとりの授業の繰り返しの中の相関的関係，異なった教師間の授業の類似性を検討し，そのような授業の特徴が教師の授業スタイルや授業の形態，児童の学年とどのように関連があるのかを探索的に検討することを目的とした。

4.1.2 方　　法

1. 分析対象

調査対象校は首都圏の公立小学校（全校児童505名）である。分析の対象とした授業は1年から6年各学年2クラスずつの国語科の授業である（2クラスは各学年，便宜上A組，B組とする）。授業時間数はクラスにより異なり，1～6年の各学年2名，計12人の教師による3～6回の授業，計54授業を対象とした。調査は7月の上旬～9月の下旬にかけて夏休みを挟んで行われた。授業者は全授業とも学級担任であった。対象クラスの担任の先生には，授業前に特別に意識することなく，普段どおりのカリキュラムで授業を進めてくださいとの旨を伝えた。授業のスタイルは主に「教科書中心」「発表中心」「（児童同士による）話合い中心」「課題遂行中心」の4つであった[1]。学年，クラス，教科単元，授業者の性別，年齢はTable 4-1の通りである。また，クラスごとの授業時間数と授業スタイルの内訳はTable 4-2の通りである。

2. 手続き

7月上旬と9月下旬の約1ヶ月間に及ぶ全54授業において，映像，音声，文字記録の採取を行った。映像記録は教室全体が写るように，教室の後方と前方2箇所に3台のビデオカメラを設置して録画し，同時に，教授者の声を逃さないよう，補助として音声録音も行った。また，筆者を含む3名の観察者によ

1）授業スタイルは，各授業において，授業時間の2/3以上（30分以上）の時間を費やしていた内容によって分類した。各授業スタイルは次の通りである。「教科書中心」は教科書の読解や教科書に関する説明など，教科書を用いた授業，「発表中心」は児童による発表が中心の授業，「話合い中心」は机の形を変えて，児童同士が向きあうような形をとり，児童同士の交流が中心の授業，「課題遂行中心」は，作文や発表内容のまとめなど，児童に何かしらの課題を与え，教師はサポートにまわっていた授業。

り発話文脈の記録を書き込んだフィールドノートが作成された。これらの記録から，授業中の発話をもとにしたトランスクリプトを作成した。分析に用いた発話の単位は，1．教師と児童，または児童間での話者交代，2．同一話者に関して，発話中の2秒以上の間，3．同一話者内の一連の発話において，発話の機能の変わり目の3点を基準として区切り，1発話とした。

Table 4-1 調査対象クラスの概要

学年	クラス	授業者性別	年齢	単元
1年	1-A	女性	30代後半	おむすびころりん
	1-B	女性	40代前半	
2年	2-A	女性	50代後半	あったらいいなこんなもの，漢字クイズ
	2-B	女性	40代前半	サンゴの海の生き物たち
3年	3-A	女性	40代後半	三年峠
	3-B	男性	50代前半	
4年	4-A	男性	40代後半	作文を書こう，発表会，漢字
	4-B	女性	40代後半	一つの花
5年	5-A	女性	50代前半	わらぐつの中の神様，同義語
	5-B	男性	50代前半	
6年	6-A	女性	40代前半	やまなし，イーハトーブの夢
	6-B	男性	30代後半	

Table 4-2 授業スタイルと授業時間数

	教科書中心	話合い中心	発表中心	作業中心	合計
1-A	2		1	1	4
1-B	4		2		6
2-A	2		3		5
2-B	3		2		5
3-A	4				4
3-B	5				5
4-A	2	2			4
4-B	1			3	4
5-A	5				5
5-B	3			1	4
6-A	3				3
6-B	5				5

3. カテゴリー

教師, 児童の全発話を, 一発話が一機能を担うという前提のもと, 発話単位ごとに筆者を含む2名の評定者（もう1名は教育心理学を専攻している大学院生）が独立に Table 4-3 に示すカテゴリーに分類した。

カテゴリーの設定に当たっては, Flanders（1970）による FIAS（Flanders' Interaction Analysis System）を参考に, Mehan（1979）の指摘した「教師による働きかけ（I）」-「子どもの応答（R）」-「教師による評価（E）」という教室における相互行為の構造を援用して, カテゴリーシステムを構築した。FIAS では教師の発言を児童への影響という点から直接的影響と間接的影響とに分類し, 講義することが直接的影響カテゴリーに, 発問することは間接的影響に分類されている。しかし, 授業という場を考えた際に, 発問することも講義することも教師による教授という点では同次元であると考えられる。また, 一斉授業という形態においては, 授業は教師による一方的な発話のみで進行しているのではなく, 教師はその時々の児童の言動や行動に応じながら進めているため, 教師による授業内容の教授には直接かかわりがないが, 教授活動を円滑に進めるための教室運営に関わっている発話もあると考えられる。そこで, FIAS の直接的影響・間接的影響を教授内容に対するものと捉えなおし, FIAS の各カテゴリーを教授内容に直接的に関わっている発話と間接的に関わってくる発話

Table 4-3 発話カテゴリー

発言者	分類	カテゴリー	定義
教師	教授関連	説明	学習内容についての説明や意見・講義
		発問	学習内容等についての問いかけ
		指示・確認	指示・促し・確認・問いかけ
	運営・維持関連	復唱	児童の発言を繰り返す発言
		感情受容	児童の態度・気持ちなどを察知・受容し明確化する発言
		応答	児童からの問いかけに対しての応答
		注意	発言・行動に対し, 注意したり, 修正したりする発言
		雑談	授業内容と関係ない話題全て
児童	応答	指名応答	教師の個人への指名に対しての発言
		自発応答	教師の発問に対し, 自発的に応答要求をした後の発言
		非指名応答	不特定多数への暗黙的発話要求を受けて発言
	発言	発言	教師の働きかけに関係なく発言する, 自発的な発言

とに大きく分類し直した。前者を「教授に関わる発話（教授発話）」とし，後者を「教室運営・維持に関わる発話（運営・維持発話）」とした。教授発話の下位カテゴリーとして「説明」「発問」「指示・確認」の各カテゴリーを設定した。また運営・維持発話の下位カテゴリーとして「復唱」「感情受容（評価）」「（児童の発言に対する）応答」「注意」「雑談」の各カテゴリーを設定した。

児童の発話は，FIAS に従って教師の働きかけに対する応答と，自発的な発言に大きく分類した。教師からの働きかけに対する応答においても，自発的に（挙手などを行って）発言する場合と，児童の意思に関わらず，否応なく発言を求められる場合とにわけられる。また，教室内の暗黙のルールによる発言（誰かの発言に対する「いいです」という答えや日直の号令など）も考えられる。これらを，それぞれ，「自発応答」「指名応答」「非指名応答」とした。

また，本研究において，カテゴリー分析は言語的コミュニケーションの分析と位置づけるため，教師と児童の発話のみを分析対象とし，沈黙については考えないこととした。2名の評定者による判定一致率は82.3%であった。判定が不一致であったものについては協議により決定した。

■ 4.1.3 結　果

1. 教師・児童発話の全体的特徴

クラスごとに教師・児童の全発話を Table 4-3 のカテゴリーに分類した（Table 4-4，Table 4-5）。全クラスの1授業における教師・児童の発話の平均は教師が約277回で児童は約103回であった。授業内における発話の2/3以上は教師の発話であるといえる。

次に，教師の発話の機能について検討を行った。どのクラスにおいても，一番，頻度が多かった項目は「指示・確認」であり，教師の全発話の30%～60%を占めていることが明らかになった。この結果は，Mehan（1979）が指摘している「教師による働きかけ」-「子どもの応答」-「教師の評価」が教室構造の中心となっていることと重なる。教師は授業の中心として，児童への指示（働きかけ）を軸にしていることが示唆できる。

また，教室運営に関わる運営・維持発話は，教師の全発話の15%以上を占めている。多いクラスでは，38%にのぼる。教師は，授業の進行に際して，「教

第 4 章 授業中の教師の行動に関する検討

Table 4-4 クラス別の教師の発話数

	説明	発問	指示	復唱	感情受容	応答	注意	雑談	合計	授業数	1回平均
1年A組	8.0%	3.4%	65.2%	5.1%	9.8%	3.3%	4.7%	0.5%	1033	4	258.3
1年B組	27.1%	6.7%	41.4%	4.3%	5.5%	1.8%	11.7%	1.4%	1935	6	322.5
2年A組	11.0%	4.2%	56.6%	7.5%	14.4%	2.0%	1.9%	2.3%	1723	5	344.6
2年B組	16.1%	4.3%	44.9%	4.2%	13.0%	11.3%	3.8%	2.3%	1384	5	276.8
3年A組	9.0%	5.4%	48.9%	10.4%	11.2%	5.6%	6.0%	3.6%	1792	4	448.0
3年B組	14.6%	5.7%	44.1%	7.9%	8.7%	1.4%	9.5%	8.2%	1503	5	300.6
4年A組	12.2%	5.4%	47.8%	9.0%	10.4%	10.3%	2.7%	2.1%	910	4	227.5
4年B組	20.2%	6.3%	48.0%	9.7%	4.7%	3.9%	3.9%	3.3%	639	4	159.8
5年A組	19.1%	11.9%	41.8%	9.3%	10.5%	2.6%	3.7%	1.0%	1359	5	271.8
5年B組	14.8%	4.3%	41.7%	5.3%	10.6%	11.0%	1.4%	10.9%	1207	4	301.8
6年A組	23.6%	8.6%	52.1%	7.2%	6.0%	2.0%	0.6%	0.0%	501	3	167.0
6年B組	33.0%	6.6%	34.4%	10.7%	11.9%	2.1%	0.2%	1.1%	1228	5	245.6

Table 4-5 クラス別の児童の発話数

	指名応答	自発応答	非指名応答	発言	合計	授業数	1回平均
1年A組	13.1%	10.6%	25.8%	50.5%	329	4	82.3
1年B組	4.8%	24.6%	37.0%	33.6%	435	6	72.5
2年A組	26.4%	24.5%	18.4%	30.7%	849	5	169.8
2年B組	12.4%	30.5%	10.9%	46.3%	607	5	121.4
3年A組	11.0%	47.7%	6.0%	35.4%	840	4	210.0
3年B組	26.1%	36.9%	13.5%	23.5%	540	5	108.0
4年A組	4.7%	16.1%	31.6%	47.5%	591	4	147.8
4年B組	14.4%	44.8%	12.6%	28.2%	174	4	43.5
5年A組	31.9%	39.0%	9.1%	19.9%	351	5	70.2
5年B組	21.9%	3.0%	4.9%	70.1%	529	4	132.3
6年A組	31.2%	40.8%	12.1%	15.9%	157	3	52.3
6年B組	32.4%	30.9%	17.6%	19.1%	188	5	37.6

授」関連のみで授業を進行しているのではなく，何らかの授業運営に関わる発話を織り交ぜながら，授業を行っていることが示唆される．

　ここで分析している発話数は各クラス3～6授業の発話総数を対象としている．発話総数における分析においては授業における差異が取捨される．しかし，一般的な学校による授業においては，授業ごとに授業内容や授業スタイルが異なっており，教師・児童の発話特徴も変わってくることが予想される．本研究の調査対象校においても，授業によって授業スタイルの差異は顕著であった（Table 4-2 参照）．以下では，クラス別（教師別）に，授業ごとの発話の特徴

2. 授業ごとの相関分析

　教師の発話が授業内容，授業スタイルの差異により変化しているのかどうか，また，変化の度合いを検討するため，教師の全発話カテゴリー（8項目）をもとに，クラスごとの授業日別の相関を算出した。全クラスの全授業間の相関係数を検討したところ相関係数は.69〜.99の範囲であり，全体の92％で相関は.80以上，64％が.90以上であった。一例として2年A組の教師発話の相関表を示す（Table 4-6）。次に，クラス内の相関間に差があるかどうかを検討するため，クラスごとに相関係数の同等性の検定を行った。結果12クラス全てにおいて，5％水準で有意差は認められなかった。クラス内の相関間に差が認められなかったため，クラスごとの母相関係数の点推定値を算出した。12クラスの点推定値は.87〜.98の値であり，それぞれの教師の授業間の発話パターンの一貫性は非常に高いことが明らかとなった。同様の分析を，児童発話（4項目）を対象に行った。その結果，相関係数は絶対値で.01〜.99まで幅広い値であった。一例として教師発話と同様に2年A組の児童発話の相関表を示す

Table 4-6　2年A組の教師発話の授業間相関

	1日目	2日目	3日目	4日目	5日目
1日目					
2日目	.99**				
3日目	.98**	.98**			
4日目	.99**	.98**	.99**		
5日目	.97**	.97**	.99**	.99**	

** : $p<.01$

Table 4-7　2年A組の児童発話の授業間相関

	1日目	2日目	3日目	4日目	5日目
1日目					
2日目	.88*				
3日目	.92**	.74*			
4日目	.63	.66	.76*		
5日目	.08	.23	.35	.49	

** : $p<.01$,　* : $p<.05$

(Table 4-7)。相関係数が.80以上の値を示したのは全体の35%であった。この結果より，授業間の児童の発話パターンは必ずしも一貫しているとは言えない。

以上のことから，異なる授業内容，授業スタイルにおいても，同一教師が行う授業では，授業中の教師の発話に関して，その機能面で強い関連があることが明らかになった。これは，教師がもっている安定性と捉えることができる。教師自身が有している授業を進める上での方略が教師の内面に確立されており，どのような授業であってもそれが現出していると考えられる。しかし同時に，それは教師のもつ固さともいえる。授業における教師の発話がルーチン化している現れとも捉えることができる。母相関係数の点推定値を考えると，同一教師による次の授業の発話傾向は75%以上で予測可能であることが分かる。児童の授業間相関を勘案すると，授業ごとに発話を含む児童の反応が同じであることは少ないことが推察される。また，毎時間，授業スタイルが同じであることも少ないことを考えると，教師発話の母相関係数の点推定値は非常に高いといえる。

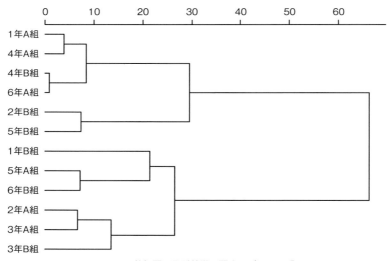

Figure 4-1　教師間の発話特徴に関するデンドログラム

3. 教師発話をもとにしたクラスター分析

これまで検討してきたことは，同一教師が行う授業においての教師発話の特徴に関する記述であった。同一教師における授業内の発話において，教師固有の安定性と固定性が示唆された。次に，教師間のクラス内発話の特徴について記述を試みる。12人の教師の授業内の発話の傾向を探るため，クラスごとに教師の発話をカテゴリーに集計した数値を基に，階層的クラスター分析を行った。

クラスター分析の結果，Figure 4-1 のデンドログラムが得られた。Figure 4-1 により，大きく4つのクラス群に弁別することが可能である。1年A組，4年A組，4年B組，6年A組の群をA群，2年B組，5年B組の群をB群，1年B組，5年A組，6年B組の群をC群，2年A組，3年A組，3年B組の群をD群とした。群ごとの教師発話カテゴリーの割合を，教授発話，授業運営・維持発話ごとにまとめたものが Figure 4-2，Figure 4-3 である。群ごとの発話特徴を検討するため，分散分析を行った。分析に際しては比率データのため，角変換を行った数値を使用した。

分散分析の結果，4群間に5％水準で有意な差が見られたのは，教授発話項目では「説明」($F(3, 50) = 9.095$, $p < .01$)「発問」($F(3, 50) = 3.403$, $p < .05$)「指示・確認」($F(3, 50) = 10.363$, $p < .01$) の3つの項目全てであり，運営・維持発言においては「感情受容」($F(3, 50) = 3.153$, $p < .05$)「応答」($F(3, 50) = 6.302$, $p < .01$)「雑談」($F(3, 50) = 3.577$, $p < .05$) の3つの項目であった。運営・維持発言の中の「復唱」「注意」のカテゴリーにおいては有意差は認めら

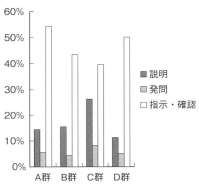

Figure 4-2　群別の教授関連発話の割合

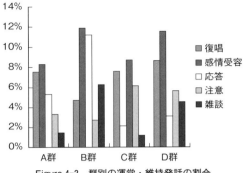

Figure 4-3　群別の運営・維持発話の割合

れなかった。最小有意差による多重比較の結果，「説明」「発問」のカテゴリーにおいては，C群と他の3群との間に有意差が認められた。「指示・確認」のカテゴリーにおいては，A群とB群，A群とC群，A群とD群，C群とD群の4群間に有意差が認められた。「感情受容」のカテゴリーにおいては，A群とB群，D群との間に有意差が認められた。「応答」のカテゴリーにおいてはA群とB群，A群とC群，B群とC群，B群とD群との間に有意差が認められた。「雑談」のカテゴリーにおいてはA群とB群，A群とD群，B群とC群，C群とD群との間に有意差が認められた。

　以下に，それぞれの群の特徴を検討していく。教授発話項目は教師の授業進行に関わる発言である。「説明」「発問」は教師からの一方的なベクトルと考えることができるが，「指示・確認」は児童という対象に向けられた発話である。そのため，教授発言項目は「教師主導型－相互交渉型」という要因による記述が可能である。また，運営・維持発言項目は，授業中の教師の教室運営に関わる発言である。「復唱」「感情受容」はともに教師の持っている教授方略の一つと考えることができる。それらの発言を用いることにより，授業を円滑に推進させることを企図していると考えられる。それに対し，「応答」は児童の授業中における自発的な発言に対しての教師の対応であり，必ずしも，授業に関連した内容であるとは限らない。また，授業展開上，教師の意図していた流れから外れる可能性のあるものでもある。「雑談」は授業内容自体に関係ない話である。以上のことから，授業・運営維持項目は「規律型－冗長型」という要因

による記述が可能である。

　A群の特徴として「指示・確認」・「応答」が多く，「感情受容」「雑談」が少ないことが挙げられる。このことから，A群は児童との相互交渉を通じて授業を進めているが，授業からそれることは少ないという特徴がある。そのため，「相互交渉型」の教師群と考えられる。B群の特徴として「指示確認」が少なく，「応答」「雑談」「感情受容」が他群よりも多いことが挙げられる。このことから，児童の発言を教師が組み込みながら授業を進行していること，授業と関係のない話を取り入れながら授業を進めていく特徴がある。そのため，「冗長型」の教師群と考えられる。C群の特徴として，「説明」「発問」が他群よりも多く，「指示・確認」「感情受容」「応答」「雑談」が他群よりも少ないことが挙げられる。このことから，教師主導で授業を進めていく，また，教師が授業を統制しているという特徴がある。そのため，「教師主導型の規律型」教師群と考えられる。D群の特徴として，「説明」「発問」「応答」が少なく，「指示・確認」「雑談」が多いことが挙げられる。児童の自発的発言に対しての対応が少ないということは，教師の意図から出来るだけ離れないように授業を展開していることが推察できる。以上のことから，児童との相互交渉を通じて授業を進めているが，「応答」が少ないことより，ある程度教師が規律を意識しながら授業を進めていく特徴がある。「相互交渉型の規律型」教師群と考えられる。また，各群を構成しているクラスに学年による違いをみることは出来なかった。以上のことから，教師の授業中における発話スタイルの違いは，受けもっている学年による相違ではなく，教師個人による相違に起因していると推察できる。

　しかし，授業における教師の発話は，一方的なものではない。授業自体が教師－児童の相互交渉によって成り立っているものであるため，上記の群ごとの違いが必ずしも教師個人の相違によるものと断定することは難しい。児童の発話スタイルの違いによるものとも考えられる。そこで次に，教師発話の場合と同様の手続きで，児童の発話スタイルのクラス間比較を行った。

4. 児童発話をもとにしたクラスター分析

　12クラスの授業内の児童の発話をカテゴリーごとに集計した数値をもとに階層的クラスター分析を行った。

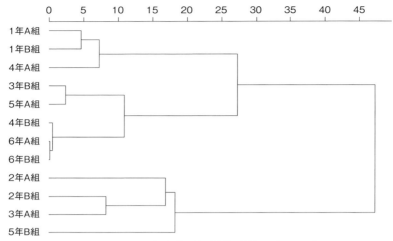

Figure 4-4　クラス別の児童の発話特徴に関するデンドログラム

　クラスター分析の結果，Figure 4-4 のデンドログラムが得られた。Figure 4-4 より，大きく3つの群に弁別することが可能である。1年A組，1年B組，4年A組をX群とし，3年B組，5年A組，4年B組，6年A組，6年B組をY群，2年A組，2年B組，3年A組，5年B組をZ群とした。群ごとの児童発話カテゴリーの割合をグラフにしたものが Figure 4-5 である。教師発話と同様に，群ごとの発話特徴を検討するため，分散分析を行った。分析に際しては比率データのため，角変換を行った数値を使用した。

　分散分析の結果，児童発話の4項目全てにおいて3群間で有意傾向以上の差が見られた。3群間において5％水準で有意な差が見られたのは「指名応答」$(F(2, 51) = 9.697, p < .01)$，「自発応答」$(F(2, 51) = 3.677, p < .05)$，「非指名応答」$(F(2, 51) = 10.657, p < .01)$ であった。また，3群間において有意傾向がみられたのは，「発言」$(F(2, 51) = 3.077, p < .10)$ であった。最小有意差による多重比較の結果，「指名応答」「非指名応答」のカテゴリーにおいては，X群と他の2群との間に有意差が認められた。「自発応答」のカテゴリーにおいてはX群とY群との間に有意差が認められた。「発言」のカテゴリーにおいてはY群とZ群との間に有意差が認められた。

　以下にそれぞれの群の特徴を検討していく。X群は「指名応答」「自発応答」

4.1 一斉授業における教師・児童発話の特徴（研究１） 53

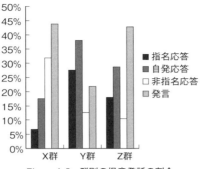

Figure 4-5 群別の児童発話の割合

が他群よりも少なく，「非指名応答」「発言」が他群よりも多い。また，１年生の２クラスがこの群に含まれていることから，低学年的発話傾向を示している群といえる。Y群は「指名応答」「自発応答」が他群よりも多く，「自発発言」が他群よりも少ない。また，１，２年生のクラスがこの群に入っていないことから，高学年的発話傾向を示している群といえる。Z群の特徴として，「非指名応答」が少なく「自発発言」が多いということが挙げられる。また，２年生２クラスと３年生１クラスがこの群に入っていることから，中学年的な発話傾向を示す群といえる。

　非指名応答は教室の中における暗黙的なルールの要素が大きい。例えば，誰かの発言に対して「いいです」と発言したり，うるさい子や状況に対して「静かにしてください」という日直の発言などが該当する。これらは，学校文化特有の発話表現といえる。低学年的発話傾向を示すX群において，この非指名応答が他群よりも有意に多く，Y，Z群になると，減少することから小学校に入学した当初の段階で，授業中に授業内発話ルールを取り入れていることが窺える。清水ら（2001）が指摘しているように，入学当初に教室のディスコースへ児童が対応できるように，教師の適切な働きかけが授業場面においても行われているといえる。また，指名・自発応答が少なく自発発言が多いことより，教師主導の授業というよりも，児童中心に授業が進んでいることが窺える。Y群は指名・自発応答が多く，発言が他群よりも少ない。これは，授業における「教師の働きかけ」-「児童の応答」が授業中に多く見られているといえる。また，

自発発言が少ないことから，児童が教室における暗黙的な授業ルールを学んだとも考えることができる。Y群は一般的な学校における授業スタイルといえる。Z群は非指名応答が少なく自発応答が多いことから，授業中の暗黙的なルールをある程度，身に着けた群であるといえる。しかし，教師の働きかけとは関係なく発話するという点でまだ，授業ルール習得段階であることが示唆できる。

以上の点から，教師の発話とは異なり，児童の発話はある程度，学年によって記述できることが示唆された。

■ 4.1.4 考　察

本節では，教師・児童の授業中の発話をもとに，日々繰り返し行われる教師の教授行動の特徴を明らかにした。小学校の国語科の授業を1年から6年まで分析対象とし，カテゴリーごとの発話頻度から，教師の授業スタイル，児童の発言スタイルの検討を行った。検討の結果，以下のことが明らかになった。教師は授業において，直接的な教授発話以外に，授業を運営・維持していくための発話を行っていた。教師による差はあるが，全ての教師が授業発話の15％以上を運営・維持のための発話にあてていた。教師の発話において，一番頻度の多い項目は指示・確認であった。このことより，授業を進行する上で，児童への働きかけがその中心となっていることが示唆された。教師の発話カテゴリーを基に，相関分析を行った結果，同一教師の授業ごとの相関は非常に高かった。このことは，教師の授業の安定性とともに，教師の持っている教授方略が教師の内面においてかなり固定化されていることを示すものである。教師の発話カテゴリーをもとにクラスター分析を行った結果，教師の発話は受け持つ学年によらず，教師個人のスタイルによって分類されることが示唆された。児童の発話カテゴリーをもとに相関分析を行った結果，授業ごとの相関は低い値から高い値まであり，教師の発話パターンとの関連が強いとはいえないという結果であった。また，児童の発話カテゴリーをもとにクラスター分析を行った結果，児童の発話は学年の変化によって分類される可能性が示唆された。

以上の点より，教師・児童の日々の授業における発話の相関関係を検討することが，教師の授業スタイルの特徴を明らかにする一つの手法であると指摘できる。また，教師は授業における発話の規則性を個人内で確立しているが，児

童は小学校においては授業における発話の規則性を学んでいる過程と考えることができる。このことは，授業における児童の発話スタイルが学年とともに変化しているのに対し，教師の発話は必ずしも児童の学年差に応じて対応しているわけではないことから明らかである。教師の有する高い一貫性は教育が持ちやすい安定性の一側面と考えられる。本来，教授行動が柔軟であるべきことは誰もが認めるところである。しかし，本研究で明らかになった教師が有している安定性を崩すことが難しいならば，それは，授業のマンネリ化をもたらすことにもつながる。本来，柔軟であるべき教師の教授行動が高い一貫性を有していることが，児童に何かしらの影響を与えていることは想像に難くない。教師が教授行動の特徴に目を向け，意識することにより，自らの指導方略を見直す契機になることが期待される。従来，教師が自らの教授行動を数量的に把握することは困難であった。本研究の手法を用いることにより，数量的に自らの教授行動を把握することが可能になったといえる。数量的に把握した自らの教授行動の特徴を見直すことにより，日々の授業実践や児童への働きかけが多様化し，教師の力量向上につながるとともに，教室内で直接向き合う児童の学習面にも好影響を与えることが期待できる。

4.2 一斉授業における教師の指名行動の特徴（研究2）

■ 4.2.1 目　　的

前節では，授業を構成するコミュニケーションの大きな要因として授業中の教師・児童発話に焦点をあて，定量的に分析することで，教師の授業実践の特徴を記述した。本節では，教師の授業中の重要な行動として，児童への指名行動を取り上げ，教師の指名行動のもつ特徴について，探索的に検討することを目的とした。

■ 4.2.2 方　　法

1. 分析対象

調査対象校は首都圏の公立小学校であった。分析の対象とした授業は1年か

ら5年各学年1クラスずつの国語科の授業であった（クラス名は便宜上A組とする）。調査は7月と12月の2回行った。授業時間数は，7月，12月の調査ともに，各学年連続する3授業，合計6授業であった。授業者は全授業とも学級担任であった。対象クラスの担任の先生には，授業前に特別に意識することなく，普段どおりのカリキュラムで授業を進めてくださいとの旨を伝えた。調査対象の授業は1授業をのぞき全て，教師が前方に立って教授するという一斉授業の形態であった。ただし，7月の調査の4年生の3回目の授業のみ，授業の開始から終了までグループワークの形態をとった授業であった。各クラスの人数は Table 4-8 の通りである。

2. 手続き

7月と12月の約2ヶ月間に及ぶ全30授業において，映像，音声，文字記録の採取を行った。映像記録は教室全体が写るように，教室の後方と前方に2台のビデオカメラを設置して録画し，同時に，教授者の声を逃さないよう，補助として音声録音も行った。また，各クラスの座席表を用い，教師から指名された児童の指名回数を記録した。

教師の指名には，挙手をしている児童に対する指名と挙手をしていない児童に対する指名とがある。本研究では，教師の授業中の行動の一つとして指名行動を取り上げているため，挙手をしている児童への指名，挙手をしていない児童への指名の二つを特に区別することなく，同一の行動として計測した。

Table 4-8　各クラスの人数

	男子	女子	計
1-A	17	17	34
2-A	20	9	29
3-A	18	21	39
4-A	16	15	31
5-A	17	14	31

ナカニシヤ出版
心理学図書案内

〒606-8161
京都市左京区一乗寺木ノ本町15番地
tel. 075-723-0111
fax. 075-723-0095
URL http://www.nakanishiya.co.jp/
＊価格は2014年5月現在の本体価格です。
＊最寄りの書店にご注文下さい。

アイゼンク教授の心理学ハンドブック
マイケル W. アイゼンク著／日本語版監修山内光哉　22000円

現代心理学入門の決定版、待望の邦訳！　TEEアプローチに基づき各章を構成。豊富で多彩な内容を効率的に学び、さらに自分で考える術が身につく。

心 理 学 概 論
京都大学心理学連合編　3000円

学部を越えた京都大学気鋭の心理学系研究者達による、正確かつ読みやすい本格的大型テキスト。心理学の先端を支える研究者の養成はここから始まる。

心理学概論［第2版］
岡市廣成・鈴木直人監修　3200円

古典から最新トピックまで網羅した学部生向けスタンダード教科書の改訂版。各専門家が実証的根拠・データを提示しつつ、必須内容をわかりやすく解説。

現 代 心 理 学
人間性と行動の科学
磯崎三喜年編　2300円

心を問い、心をとらえることは、人間存在へと迫る冒険である。人間性とその行動という視点から「心」をとらえ、現代の諸問題を見極める心理学概論。

スタディガイド心理学［第2版］
美濃哲郎・大石史博編　2000円

知覚・認知・発達・文化・パーソナリティなど、心理学で何を学ぶかを示す好評テキストの改訂版。コラムの追加やデータの更新でさらに充実！

スタートアップ「心理学」
高校生と専門的に学ぶ前のあなたへ
小川一美 他著　1300円

目の錯覚や記憶の仕組み、赤ちゃんの成長や人間関係の変化…。心理学に興味をもった高校生・大学新入生に大学で学ぶ心理学を分かりやすく紹介。

こころを観る・識る・支えるための28章
心理学はじめの一歩
梅花女子大学心理学科編　2000円

心理学のエッセンスを集約した教養向け心理学入門書。イラスト図版やキーワードで丁寧に解説。グループ学習に適したワークも充実！

大学生からのプレゼンテーション入門 中野美香著　1900円	書き込みシートを用い、プレゼン能力とプレゼンをマネジメントする力をみがきスキルを発展。大学生のみならず高校生・社会人にも絶好の入門書！
統計解析の心構えと実践 SPSSによる統計解析 原田章・松田幸弘著　2800円	統計解析の醍醐味とは。データから意味を見つけ出す作法と独特の論理。数値の示す意味を発信できる大学生になるための統計解析の基礎を伝授。
自分で作る調査マニュアル 書き込み式卒論質問紙調査解説 北折充隆著　2400円	質問紙調査に必要な統計の解説を、読者が空欄に書き込みながら理解を深めていくよう工夫。完成後は調査ハンドブックとして利用できる！
Excelによるアンケート調査の第一歩 辻義人著　2000円	Excelでアンケート調査を体験！　事例を通して結果の読み取り方を重視した、初学者用の入門テキスト。表から有益な知見を見出す喜びを体験してみよう。
ブラウザでできる基礎・認知心理学実験演習 JavaScriptで書く実験プログラム 水野りか・松井孝雄著　2400円	認知心理学の実験が手軽にChromeやSafariなどのブラウザで実践できる演習テキスト。本書掲載のプログラムをダウンロードして始めよう！
子ども理解のメソドロジー 中坪史典編　2000円	子ども観察「何をどう見たらいいのかわからない」という方、必携！　むきだしの子どもをとらえる、楽しい実践のためのアイディアブック。
乳児期における自己発達の原基的機制 客体的自己の起源と三項関係の蝶番効果 川田学著　6800円	乳児期の自己発達の一到達点である「客体的自己」の発生、その個体発生的起源とは何か。「三項関係」をキーに、2歳半を発達上の画期として検証する。
教室における「気になる子どもたち」の理解と支援のために 萱村俊哉著　1500円	発達障害の脳機能や行動、躓きの特徴を解説。運動や感覚の不器用さを測定するソフトサイン検査を紹介し、適切な支援につながる道を拓く。
幼児期・児童期の感情表出の調整と他者の心の理解 溝川藍著　5700円	泣くふりをする赤ちゃん、嘘泣きをするお母さんを真剣になぐさめる3歳児……見かけの感情を理解するようになる発達の様相を実験研究から解明。
謝罪と罪悪感の認知発達心理学 田村綾菜著　4600円	児童期の子どもを対象とした対人葛藤場面での実証研究から、加害者の場合の謝罪の目的、被害者の場合の謝罪認知の発達的変化を鮮やかに描く。
感情的動機づけ理論の展開 やる気の素顔 速水敏彦著　1800円	原因や目標を考える前に感情が人間の行動を動かしているのではないか？　第一人者による動機づけ理論の新展開！
対人援助をめぐる実践と考察 吉川悟編　5900円	宗教・スピリチュアリティ・心理臨床・特別支援教育──対人援助の意欲的実践論考をとおして、救い救われるという人間のありかたを揺さぶる試み。
コラージュの見方・読み方 心理臨床の基礎的理解のために 山上榮子著　2900円	材料もやり方も手軽なコラージュ療法が普及してきた。本書では、投映法ハンドテストを援用した新しい客観的な解釈仮説を提案する。

認知心理学の冒険
認知心理学の視点から日常生活を捉える
兵藤宗吉・野内類編著　2700円

感情や記憶などの基礎から神経心理学などと関わる応用まで、生活と関わらせながら体系だてて解説したテキスト。卒論や修論のヒントが満載。

リスク・コミュニケーション・トレーニング
吉川肇子　2400円

災害や感染症の流行などの危機事態でのコミュニケーションのためのトレーニング・テキスト。ゲーミングによる研修プログラムと自習用問題を中心に。

ファシリテーター行動指南書
意味ある場づくりのために
中野民夫監修　三田地真実著　2000円

ファシリテーターとして会議やワークショップで成果をあげる極意を5つの心得と15のステップから、ワークも取り入れながら、実践的に解説。

高校生のためのソーシャルスキル教育
原田恵理子著　8100円

他者と自分を比較し対人関係で悩む高校生。実証研究から、ほどよい自尊心をめざして自己を見つめる「メタ認知」を用いる心理教育プログラムを提案。

コミュニケーションの認知心理学
伊東昌子編　2700円

交渉や貼り紙、説明書理解、目撃証言、企業デザイナーなどの事例から、人がどう相互作用を繰り広げ、そこにどんな知的営みがあるのかを解明する。

交渉の心理学
佐々木美加編著　2000円

交渉の裏にある心理的メカニズムを解明！　説得の効果や感情の与える影響など、実証研究に基づいた心理学的知見をダイナミックに紹介する。

「今ここ」を生きる人間関係
杉山郁子　2200円

行き詰まった人間関係がある。そこにどのような課題をもちこんだらいいか。どのような視点を加えたらいいか。関係調整としての編集能力の涵養をめざす。

専門家が用いる合意形成を目的としたコミュニケーションに関する臨床心理学的研究
奥野雅子著　6400円

専門家とクライアントの言語・非言語やりとりのメカニズムを明らかにし、クライアント支援に役立つためのコミュニケーションのあり方を示す。

コミュニティの社会心理学
加藤潤三他編　3000円

災害や犯罪、環境問題、教育、子育て、オンラインコミュニティなどのテーマを網羅。問題の解決や改善に向けた実践的なアプローチも紹介する。

暮らしの中の社会心理学
安藤香織・杉浦淳吉編　2200円

恋愛、ネット、買い物、就職、省エネ行動──身近なトピックから基礎知識を解説し、「話し合ってみよう」やエクササイズで体験的に楽しく学ぶ。

社会心理学のストーリー
無人島から現代社会まで
田島司著　1600円

「社会のない状況」から徐々に他人との関わりが深まり複雑な社会へ、というストーリーに、4コマ漫画も取り入れ楽しく着実に学ぶ、社会心理学入門。

対人関係の社会心理学
吉田俊和・橋本剛・小川一美編　2500円

夫婦関係や友人関係、インターネット、空気を読むことからクレーマーの背景まで社会心理学から解説。対人関係を複眼的にみる視点を身につけよう！

つながれない社会
グループ・ダイナミックスの3つの眼
日比野愛子・渡部幹・石井敬子著　1800円

「しがらみ」から「つながり」への移行を見せつつも、つながれない人々。現代社会を「社会的交換理論」「文化心理学」「社会構成主義」の3つの視点から斬る。

大学教育アセスメント入門 ウォルワード著／山﨑他訳 2000円	シンプルで効率よく有益なアセスメントとは。ルーブリック作成例、授業方法の改善・授業アセスメント技法例など、様々な機関を想定し実践的に解説。
日本の「学び」と大学教育 渡部信一著 1800円	「学習」から「学び」へ、「教え込み型」から「しみ込み型」へ。日本の伝統芸能をも俎上に載せ、認知科学的な論拠をも示して提言。
大学生活を楽しむ護心術 宇田光著 1600円	簡単に騙されない大学生になるために！ クリティカルシンキングをみがき、アカデミックリテラシーを身につけよう。コンパクトな初年次教育ガイド。
大学生のリスク・マネジメント 吉川肇子・杉浦淳吉・西田公昭編 1700円	大学生活の危うさとは。ネットやカルト、健康、お金リスクについての知識を得て、自分で考える力を身につけ存分に学べば、人生はこんなに楽しい！
みんなの幼児教育の未来予想図 ジグラー他編／田中道治編訳 3800円	必要なスキルをもたずに就学してしまい適応できないということがなくなるように、すべての子どもに公平な幼児教育の支援・サービスモデルを提案する。
保育の心理学[第2版] 相良順子・村田カズ他著 1800円	「保育の心理学Ⅰ、Ⅱ」の内容を1冊にまとめた好評テキストに「学びと発達」の章を追加した改訂版。豊富な写真と事例や章末課題で楽しく学べる。
社会的養護内容 昇地勝人・進藤啓子・田中麻里編 2200円	保育士や幼稚園教諭をめざす学生へ。児童養護の現代的問題、児童養護施設の実際および理念について、具体的にできるだけ平易な表現に留意して解説。
ガイドライン生涯発達心理学[第2版] 二宮克美・大野木裕明・宮沢秀次編 2000円	胎児期から成人期後期までの個性化と社会化、課題、障害と支援など解説した好評テキスト。データ更新とコラムの充実により最新のトピックを補充！
発達心理学 福本俊・西村純一編 2000円	身体、認知、社会性など発達の各論から、歴史・研究法・発達理論、総論へとつづく構成。学生が主体的に学べ、教員と学生の相互作用でさらに楽しい！
心を紡ぐ心 親による乳児の心の想像と心を理解する子どもの発達 篠原郁子著 6200円	乳児に心を見出してその意図を解釈し言語化する親と乳児のやりとりが、乳児の心の発達を支え促す。縦断研究から乳児と親の関係性と発達の様相を描く。
学校心理学入門シリーズ4 **臨床生徒指導【応用編】** 市川千秋監修 2400円	学校現場で生じる問題にどう対処するのか。生徒指導の体制作りから、危機管理、いじめや学級崩壊、情報モラル教育、外国の現状まで具体的に解説。
臨床心理学ことはじめ 花園大学社会福祉学部臨床心理学科編 2000円	心理療法、非行・学校臨床から脳科学や小児科学まで。臨床心理学は実はとっても幅広くて、奥深い！ 本書で大学生活を一歩リードしよう！
パーソナリティ心理学概論 性格理解への扉 鈴木公啓編 2400円	パーソナリティについて幅広く、そしてバランス良く扱われており、内容も古典から最新のものまで充実。これまでとは一味違う、正統派のテキスト。

■ 4.2.3 結　果

1. 7月および12月の授業における児童の被指名回数の特徴

　各クラスの授業ごとの教師から指名された児童の回数を計測した。この回数を児童の被指名回数とする。7月，12月の教師の指名回数はTable 4-9の通りである。7月全体での教師の指名回数の1授業の平均は27.13回（$SD:13.79$），12月全体での教師の指名回数の1授業の平均は22.93回（$SD:16.35$）であった。教師または授業によりばらつきは見られるものの，1回の授業時間が45分であることを考えると，教師の授業中の指名回数は非常に多いといえる。

　次に，7月，12月それぞれの調査時期ごとの教師の指名行動の偏りの検討を行った。授業ごとに全児童の被指名回数を求めた。全児童の被指名回数をもとに，クラスごとの授業日別の相関を算出した（Table 4-10）。Table 4-10より，教師による差異はあるものの，ある程度，教師の指名行動に偏りがあることが

Table 4-9　7月および12月の1授業における教師の指名回数

	7月				12月			
	1日目	2日目	3日目	計	1日目	2日目	3日目	計
1-A	24	14	19	57	42	16	10	68
2-A	36	13	35	84	14	10	12	36
3-A	34	11	31	76	21	58	19	98
4-A	50	55	14	119	13	21	10	44
5-A	29	31	11	71	24	58	16	98

Table 4-10　被指名回数の授業日別相関

7月調査														
	1-A			2-A			3-A			4-A			5-A		
	1日目	2日目	3日目	1日目	2日目	3日目	1日目	2日目	3日目	1日目	2日目	3日目	1日目	2日目	3日目
2日目	.29*			.49**			.27*			.68**			.59**		
3日目	.15	.44**		.51**	.25		.48**	.32*		.03	.05		.44**	.37*	

12月調査														
	1-A			2-A			3-A			4-A			5-A		
	1日目	2日目	3日目	1日目	2日目	3日目	1日目	2日目	3日目	1日目	2日目	3日目	1日目	2日目	3日目
2日目	.44**			.52**			.44*			.34*			.30		
3日目	.15	.11		.41*	.33*		.17	.52**		.44**	.27		.09	.21	

$**:p<.01,\ *:p<.05$

58　第4章　授業中の教師の行動に関する検討

Table 4-11　7月と12月の児童の被指名回数の相関

1-A	2-A	3-A	4-A	5-A
.62**	.71**	.45**	.59**	.45**

注）** : $p < .01$

示唆された。特に7月時には，全体的に高い相関を示している。4-Aに関して，1日目と3日目および2日目と3日目で相関が低い理由として，3日目の授業がグループワークの形式であったことが挙げられる。12月時には，7月時ほどの高い相関は見られなかった。このように，7月時よりも12月時のほうが児童の被指名回数の授業日別相関が低くなった理由として，7月時よりも，教師が児童の個々の特徴を把握したことが考えられる。そのため，授業の進行によって指名する児童を変えていくという授業方略を確立していったと考えられる。

2.　7月と12月の被指名回数の相関分析

これまで検討を行ってきたのは，7月，12月の連続する3回の授業における相関であった。連続する3回の授業の場合，児童の座席位置も変わりがなく，また，授業内容も連続している。そのため，発言する児童，教師が指名する児童に偏りが生じている可能性も考えられる。

そこで，7月，12月のそれぞれ3回の授業の児童ごとの被指名回数を合計し，7月と12月の相関を求めた（Table 4-11）。その結果，どのクラスも相関は高く，特に，2-Aでは相関係数は.71という非常に高い値であった。この結果は，7月時に多く指名された児童は12月時にも多く指名され，7月時にほとんど指名されなかった児童は12月時にも指名されない傾向にあるということである。2回の調査の間が5ヶ月あり，どのクラスでも席替えが行われていた。また，授業単元も異なる内容であったことを考えると，この相関の高さは，教師の教授スタイルの一つと考える事が可能である。以上の結果より，教師が授業中に指名する児童に関して，かなり高い偏りがあることが明らかになった。このことは，クラス内によく指名される児童と殆ど指名されない児童が存在しているということでもある。

■ 4.2.4 考　　察

　本節では，教師の授業中の行動の一つとして，教師の児童への指名行動を取り上げ，指名行動の特徴について検討を行った。その結果，教師の授業中の指名行動には，ある程度の偏りがあることが明らかになった。7月と12月の児童の被指名回数の相関分析の結果より，この偏りは，授業内容や授業時期に関わらず，一年間通してみられるものであることが示唆された。これらの結果は藤田（1995a）の研究結果とも合致する。教師は意識的・無意識的に関わらず，授業中に指名する児童はある程度，固定されているといえる。

　本研究では，児童の挙手の有無は検討していないという問題点もある。したがって，挙手をしている児童を指名しているのか，それとも教師が一方的に指名しているのかの違いまでは明確にされていない。当然，授業内で挙手を多くする児童と殆どしない児童がいることは予想される。その結果として，いつも挙手をする児童に指名が偏っている可能性も考えられる。しかし，教師は授業時間の中で，クラスの全ての児童を授業に参加させることが期待されている。児童の授業中の発言は，授業への参加を最もよく表している行動である（藤生，1996）と考えられる。そのため，教師は児童の挙手にとらわれるのではなく，出来るだけ多くの児童を指名することが望まれる。

4.3　異なる2クラスの教師の教授行動の検討（研究3）

■ 4.3.1 目　　的

　研究1，研究2において，一斉授業における教師の教授行動にはかなりの安定性（固定性）があることが示唆された。この結果は，教師ごとにそれぞれ固有の教授スタイルが内在化し，意識的・無意識的にかかわらず，それが授業中に現出していると考えられる。

　そこで，本節では，さらに教師の教授行動の詳細な検討を行っていく。しかし，1年から6年までの全ての教師の教授行動を詳細に検討することは非常に困難である。また同時に，研究1のクラスター分析の結果より，教師には教師

個人の教授スタイルが内面化されており，授業という場において，その教授スタイルが反映されているということが明らかになった。このことから，教師の授業実践の特徴を明らかにしていく際には，一人の教師のみではなく，異なる教授スタイルを有する複数の教師の比較検討を行っていく必要があるといえる。

本節では，教師の教授行動の検討を行うにあたり，同一学年の同内容の授業を教える異なる教授スタイルを有する二人の教師を取り上げた。その二人の教師の授業における教授行動を比較，検討することにより，教師の授業中の行動の実態を明らかにするとともに，教師の教授行動が授業の進行に及ぼす影響を探索的に検討することを目的とする。その際に，教師の言語行動として教師の発話記録を取り上げた。また，教師の非言語行動として第2章の2.1.2節の検討を参考に，以下の3つをその変数として利用した。1つに教師の視線の動き，2つに教師の立ち位置，3つに時間変数をそれぞれ取り上げ分析を行った。本研究では，時間変数として，児童の挙手との関連で発現する教師が発問したあとの待ち時間を取り上げる。なぜなら，教師は挙手という行動を授業場面において非常に重要であると考えていることに加え，小学校低学年の児童は自己効力が高い状態にあり（藤生，1996），挙手行動が頻繁に出現するため，授業中における挙手行動の意味はとても大きく，それに伴って発現する待ち時間も大きな意味を持つと考えられるからである。

■ 4.3.2 方　法

1. 対象授業の選定

調査対象校は，研究1（4.1節）と同様の首都圏の公立小学校であった。対象クラスは，6学年12クラスの中から，2年生の2クラス（各クラスとも男子14名，女子16名）を選定し，9月に行われた国語の授業5時限ずつ，計10時限の授業を対象授業とした。2クラスは便宜上，A組，B組とした（単元および担任に関しては，4.1.2のTable 4-1参照）。教室内の座席の配列は，A組の「あったらいいな，こんなもの」の単元で行われた児童の発表の際には教卓側に開くコの字型に配列されていた。A組のその他の単元と，B組の全ての授業で，2人×5列のグループが横に3グループ並んでいる型で配置されていた。

対象授業を上記の2クラスに選定したのには，以下の理由が挙げられる。本

研究では，教師の教授行動が授業の進行に及ぼす影響について，探索的に明らかにすることを目的としている。そのため，同一学年で同内容の教授を行っている二人の教師を抽出する必要性があった。上記2クラスは，研究1の教師発話のクラスター分析の結果，異なる教授スタイルを有する教師であった。具体的には，A組はD群の「相互交渉型の規律型」であり，B組はB群の「冗長型」であった。また，両クラスの授業の雰囲気として，調査期間中，2クラスの授業を参与観察した調査者5名全てが，この2クラスの授業の雰囲気を異なるものと認知した。A組のクラスは「厳しく，統制された雰囲気」で，B組のクラスは「楽しい，ある程度児童の自由にしている雰囲気」といった意見で一致した。以上のことより，この2クラスは，同一単元・同内容の授業を展開しているが，教師の教授スタイルが異なっており，また，授業の雰囲気も異なっている可能性のある2クラスであると考えられ，本研究の対象授業に選定した。

2. 手 続 き

映像，音声，文字記録の採取を行った。映像記録は教室全体が写るように，教室の後方と前方2箇所に3台のビデオカメラを設置して録画し，同時に，教授者の声を逃さないよう，補助として音声録音も行った。これらの記録から，授業中の発話をもとにしたトランスクリプトを作成した。分析に用いた発話の単位は，話者交替，発話中の間，発話の機能の変わり目を区切りとして設定した。

3. 分　　析

(1) 発話のコーディング

教師・児童の全発話を2名の評定者により，カテゴリーに分類した。カテゴリーの作成に当たっては，研究1において作成した発話カテゴリー（Table 4-3）を援用し，一部，修正して用いた。修正した部分は以下の2つである。第一は，教授関連発話の中の「指示・確認」カテゴリーにさらに，下位カテゴリーを設定した点である。研究1より明らかなように，教師発話の約半数近くが「指示・確認」カテゴリーであった。「指示・確認」カテゴリーは児童への働きかけという意味合いがあり，教室内の授業発話の根幹をなすものと考えられる。

62　第 4 章　授業中の教師の行動に関する検討

Table 4-12　発話カテゴリー

発言者	分類	カテゴリー	
教師	教授関連	説明	
		発問	
		指示・確認	全体
			特定個人
	運営・維持関連	復唱	
		感情受容	
		応答	
		注意	
		雑談	
児童	応答		
	発言		

　しかし，児童全員に対しての指示と，特定個人への指示とでは，児童が受ける印象は異なることが予想される。よって，「指示・確認」カテゴリーに関しては，さらに「全体への指示・確認」「特定個人への指示，確認」という 2 つの下位カテゴリーを設けた。第二は，児童発話の下位カテゴリーを削除したことである。本研究は，より詳細な教師の教授行動を検討するところにその目的がある。よって，児童の反応としての発話は，教師の働きかけに対する発話である「応答」と，児童の自発的な発話である「発言」の二つのみを設定した。以上の修正を踏まえて，本研究で使用したカテゴリーは Table 4-12 である。また，本研究において，カテゴリーに分類することによる分析は言語的コミュニケーションの分析と位置づけるため，教師と児童の発話のみを分析対象とし，沈黙については考えないこととした。

　コーディングの信頼性を確認するために行った評定者間の一致率は，85.4%であった。判定が不一致であったものについては協議により決定した。

(2) 視線・立ち位置分類

　後方から教師を追尾して撮影した授業ビデオを，10 秒ごとに区切り画像にした。その画像を基に，教師の視線の動きと立ち位置を以下のように分類した。
　視線は 1．児童，2．教科書（教材），3．黒板，4．その他，5．判別不能に分類し，立ち位置は，Figure 4-6 に示すように，教室を前方と後方に 2 分割

4.3 異なる2クラスの教師の教授行動の検討（研究3）

Figure 4-6 立ち位置分類

し，前方はさらに左右と教卓のある中央に3分割，後方は左右に2分割，計5ヶ所に分類した。

(3) 待ち時間の測定

本研究での「待ち時間」とは，教師が挙手を求めて発問している場合の，教師が発問してから児童を指名するまでの時間を指す。授業において，〈教師の発問→児童の挙手→教師が指名→児童の発言〉という一連の流れをもつ部分を抽出し，教師が発問してから児童へ指名するまでの時間を測定対象とした。

■ 4.3.3 結　果

1. 児童発話の検討

本研究では，教師の教授行動が授業進行および授業に及ぼす影響の検討を異なる2人の教師を比較することによって明らかにすることがその目的であった。そのためには，まず，2クラスの授業の概要を検討する必要がある。授業の進行や雰囲気に影響を及ぼす要因として，授業中の児童の行動が考えられる。教師の授業中の行動によって，児童の行動が変化し，また，授業の雰囲気も変わってくることが予想される。そこでまず，2クラスの授業の特徴として，クラスごとの児童発話の検討を行った。

両クラスの5回分の児童発話の合計は，A組が849回でB組が607回であった。Figure 4-7は児童の5回分の授業の全発話を応答・発言の各カテゴリーに分類したものである。クラス（2）×児童発話カテゴリー（2）でχ^2検定を行ったところ，クラスと児童カテゴリー間に交互作用が認められた（$\chi^2(1) = 35.50$, $p < .01$）。残差分析の結果，応答においてはA組の方が有意に多く，発言においてはB組の方が有意に多かった。A組では児童発話の約7割が教師の何かしら

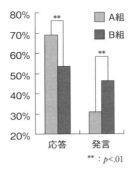

Figure 4-7　5回の授業における児童発話の分類

の働きかけに対しての応答であり，反対にB組では児童発話の半数近くが，教師の働きかけと関係のない発言であった。これらの結果は，授業の進行が，A組では教師の働きかけ中心であり，B組では，児童の自主的な発言と教師の働きかけが併存する形であるということが推察される。

以上の結果と参与観察を行った調査者の両クラスの授業雰囲気の認知（A組は「厳しく，統制された雰囲気」で，B組が「楽しく，児童が自由にしている雰囲気」）および，研究Ⅰのクラスター分析の結果を併せてこの2クラスの授業の特徴を考えると，A組ではある程度，教師が統制を取って授業を進めており，B組では，児童が活発に発言している中で授業が進行していると推察できる。

2．教師の教授行動の2クラス比較
(1) 教師発話の検討

次に，教師の実際の教授行動の違いの検討を行った。まず，2クラスの教師の教授行動として，クラスごとの教師発話の特徴を検討した。両クラスの教授関連－運営維持発話の5回分の合計をもとに割合を示したものがFigure 4-8である。クラス（2）と教授関連－運営維持発話（2）でχ^2検定を行ったところ，クラスと教師発話カテゴリーの間に交互作用が認められた（$\chi^2(1) = 15.30$, $p < .01$）。教授発話の割合はA組のほうが有意に多く，運営維持発話の割合はB組の方が有意に多いという結果であった。Table 4-13は教師の5授業分の全発話をTable 4-12のカテゴリーごとに分類したものである（下位カテゴリーを除く）。クラス(2)×教師カテゴリー(8)でχ^2検定を行ったところ，クラスと

4.3 異なる2クラスの教師の教授行動の検討(研究3)　65

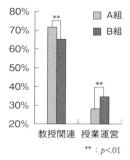

** : $p<.01$

Figure 4-8　5回の授業における教師発話の分類

Table 4-13　5回分の授業の各カテゴリーの教師発話

	説明	発問	指示	復唱	感情受容	応答	注意	雑談	合計	1回平均
A組	11.0%▼	4.2%	56.6%△	7.5%△	14.4%	2.0%▼	1.9%▼	2.3%	1723	344.6
B組	16.1%△	4.3%	44.9%▼	4.2%▼	13.0%	11.3%△	3.8%△	2.3%	1384	276.8

$\chi^2(7) = 168.97, p<.01$

△,▼は残差分析の結果,1％水準で有意差があった項目であることを示している。

教師カテゴリー間に交互作用が認められた($\chi^2(7) = 168.97\ p<.01$)。残差分析の結果,「指示・確認」「復唱」でA組のほうが有意に多く,「説明」「応答」「注意」でB組のほうが有意に多かった。特に「指示・確認」「応答」には大きな差がみられた。「指示・確認」の下位カテゴリーを比べてみると「クラス全体への指示・確認」については差がみられないが,「特定個人への指示・確認」において大きな差がみられた(Figure 4-9)。このことから,A組の教師は全体へ

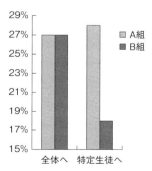

Figure 4-9　指示・確認カテゴリーの下位カテゴリー

の働きかけのあとで，特定個人へ働きかけるという一連の流れを持っていることが推察される。これは，Mehan（1979）の指摘した教室における「発問（I）」-「応答（R）」という授業内発話構造の隣接対に対応する。児童の自発的な発言を期待するのではなく，特定個人へ働きかけることによって，児童を教室の中の秩序へと統制していることが推察できる。その結果，A組では児童の自発発言を抑止し，児童の応答が多いという結果になったと考えられる。反対に，B組の教師はA組の教師に比べて，特定個人へ働きかける割合が少なく，全体へ働きかけることが中心であった。このことは，全体への働きかけをしたあとは，わかった児童が自主的に発言してもいいという授業ルールがクラス内にあることが推察される。また，教師の授業スタイルが児童の自主的な発言を認めるものであると考えられる。そのため，児童発話の検討を行った際にも，児童発話の半数以上が児童の自由な発言であったという結果になったと考えられる。

以上のことより，今回の調査対象となった2クラスにおいて，授業の進行の枠組みが異なっていることが推察できる。A組では，教師が児童に働きかけながら授業を進行させる過程で授業自体を教師が秩序づけているのに対し，B組では教師の説明主体で授業が進行している中で，児童が自由に発言し，教師がその児童の発言を拾いながら授業を展開していることが推察できる。このような2クラスの授業の進行の枠組みの違いが，教師・児童の発話カテゴリーの違いになったと考えられる。

(2) 授業中の教師の視線分析

次に，授業中教師がどこを見ているのかを明らかにするため，教師の視線の分析を行った。授業を撮影した映像から10秒ごとに静止画を切り出し，教師の視線位置を1．児童，2．教科書（教材），3．黒板，4．その他，5．判別不能の5つのカテゴリーに分類した（Figure 4-10）。各教師の「児童」「黒板」「教科書」「その他」の4項目に対して，5日間の割合を算出し角変換をしたのち t 検定を行った。その結果，A組の教師よりもB組の教師のほうが有意に多く教科書（教材）に視線を向けていた。児童・黒板・その他に関しては，両クラスの教師に差はみられなかった。両クラスの教師とも，授業時間の65％以上を児童の方に視線を向けて授業を行っているという結果であった。また，教師

4.3 異なる2クラスの教師の教授行動の検討（研究3）　　67

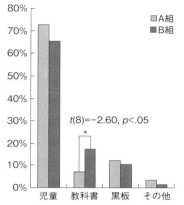

Figure 4-10　5回の授業における教師の視線の分類

発話の分析からも明らかなように，B組の教師は説明主体で授業を展開しているため，A組の教師に比べて，教科書（教材）により多く視線を向けていたのではないかと推察される。

(3) 授業中の立ち位置の分析

次に，授業中の教師の立ち位置の検討を行った。視線分析で使用した静止画を用いて，教師のいる位置を Figure 4-6 のカテゴリーに分類した（Figure 4-11）。視線分析と同様に，位置ごとに5日間の割合を算出し角変換をしたのち t 検定を行った。結果，真ん中前以外の4つの位置全てにおいて，5％水準で有意差がみられた。教室の前方では，A組の教師は授業時間の約60％を左前に位置しており，反対に，B組の教師は授業時間の約60％を右前に位置していた。A組，B組ともに教卓の位置や教室前方部のレイアウトが大きく異なっているわけではないことを考慮すると，この結果は，日々の教師の授業実践の営みの中で，教師個人の中に定着してきた行動であると考えられる。また，従来の授業研究の中心をなしてきた教授方法とは別に，教師の立ち位置のような教師独自のスタイルがあることも示唆できる。教室の後方に関しては，左右ともにA組の教師よりもB組の教師の方が多く位置していた。これは，教師の机間巡視の時間の違いと考えられる。A組の教師は殆ど教室の前方を動かずに，教

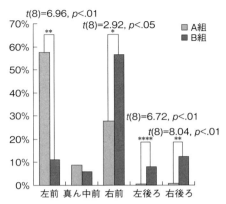

Figure 4-11 　5回の授業における教師の立ち位置の分類

室全体を見ているのに対して，B組の教師は授業時間の20％近くを机間巡視にあてていたと考えられる。教師・児童の発話分析から明らかにされたように，B組では児童の自主的・自発的な発言を許容するような雰囲気が形成されており，児童の自発的な発言に教師が応答するという形で授業が進行していると考えられる。その背景に教師が教室の様々なところに位置しているということが要因にあることが示唆できる。また，教室の前方中央では差がみられなかった。異なる教授スタイルを有する教師においても，教室の中央に立つ時間の割合は変わらない。教室の前方中央は，児童全体を真正面から見渡せる位置であり，授業の始まりや終わり，また，教室全体を統制するときなどに教師が意識的に立つ位置であると推察できる。

(4) 授業中の待ち時間の分析

次に教師の授業中の待ち時間の分析を行った。両クラスの5時間分の授業から，〈教師の発問→児童の挙手→教師の指名→児童の発言〉という一連の流れを持つ場面を抽出し，教師の発問から教師の指名までの時間を測定した。また，全授業時間に占める待ち時間の割合を算出するため，5時間分の授業時間を算出した。本研究では，「待ち時間」変数を教師が持っている授業方略の一つと位置づけている。教師が授業を展開している中で，どのくらい待ち時間を費やしているのかを明らかにすることが目的である。そのため，児童の話し合い場

Table 4-14 教師の待ち時間の全授業時間に占める割合と平均

	回数	待ち時間	授業時間	割合	平均
A組	45回	440秒	4892秒	9.00%	9.7秒
B組	63回	334秒	10163秒	3.30%	5.3秒

＊回数は5日の授業時における発問回数。
＊授業時間とは，教師が児童に向かっている時間。
＊割合は上記，授業時間の中に占める待ち時間割合。
＊平均は，1回の発問に対する待ち時間平均。

面や課題（作業）遂行場面，課題発表場面は授業時間の計測から除外し，教師が主導で授業を展開している時間のみ計測した。詳しい概要は Table 4-14 に示した。各教師の5日間の授業時間に占める待ち時間の割合を角変換したのち t 検定を行った。結果，両教師間に5％水準で有意差がみられた（$t(8)=3.33$, $p<.05$）。A組の教師のほうがB組の教師よりも有意に授業時間に占める待ち時間の割合が多いという結果であった。A組の教師は授業時間の約1割を待ち時間に費やしていた。また，発問1回についての待ち時間について t 検定を行ったところ1％水準で有意差がみられた（$t(106)=4.76$, $p<.01$）。待ち時間の割合と同様，1回の待ち時間もA組の教師のほうがB組の教師よりも有意に長いという結果であった。A組の教師は1回の発問時に，児童を指名するまで平均約10秒待つという結果であった。

　A組の教師は，第三者には厳しく統制的な雰囲気であると認知されていた。また，児童・教師発話の検討より，全体に問いかけた後，児童個人に問いかけをするという傾向が示唆された。反対にB組の教師は，第三者にはある程度自由な雰囲気であると認知され，また，児童・教師発話の検討より，全体に問いかけることだけで授業を進行させているという傾向が示唆された。これらの知見と待ち時間分析の結果とを考え併せると，教師の発問後から児童への指名までの時間は，教師のクラス統制の役割も果たしていることが考えられる。A組の教師は児童の挙手をしない発言を許さずに，また，出来るだけ多くの児童に発言の機会を与えるために，多くの児童が手を挙げるまで待っていることが考えられる。反対に，B組の教師は指名までの待ち時間が短いという結果であったことから，教師と児童の相互交渉までの時間が短いことが予想され，同時に，児童の活発な発言を引き出す雰囲気を作っていると考えられる。

■ 4.3.4 考　　察

　本研究では，異なるタイプの教師の一斉授業における言語的・非言語的行動を比較することによって，教師の行動が授業に及ぼす影響について考察を行った。その結果，第三者が客観的に見て異なる授業雰囲気と認識しているクラス間においても，教師の教授行動において，差の出る教授行動と差の出ない教授行動があることが明らかになった。差の出ない教授行動に関しては，両教師に共通の教授行動と考えられる。差の出た教授行動に関しては，両者を隔てている教師固有の教授行動であると考えられる。両者の授業雰囲気が異なる印象を与えた要因には，この教師固有の教授行動が影響を及ぼしていると考えられる。

　また，授業中の教師の教授行動には，児童への問いかけの発話や机間巡視中の児童とのかかわりなど，直接児童に対して向けられた行動と，説明等の発話や立ち位置，待ち時間などのような直接児童に対して向けられていない行動の二つが見られた。この直接児童に対して向けられていない行動も，当然，教室という場で行われている行動であり，それらの行動がその教室という場を通して児童に影響を与えていると推察される。

4.4　本章のまとめ

　本章では，一斉授業における教師の教授行動に着目し，授業中の教師の教授行動の検討を行った。4.1節（研究1）では，教師の発話に着目し，相関分析およびクラスター分析を行うことによって，教師の授業内発話の安定性を明らかにした。また，4.2節（研究2）では，教師の児童への指名行動に着目し，相関分析を行った。その結果，教師の指名行動にも高い一貫性（安定性）があることが明らかになった。4.3節（研究3）では，教授行動のスタイルの異なる2人の教師の教授行動に着目し，より詳細に教授行動の違いとその差異がもたらす授業雰囲気への影響について検討を行った。その結果，教授スタイルの異なる教師においても，差のない教授行動と差のある教授行動があることが明らかになった。差のある教授行動が授業雰囲気に影響を及ぼしている可能性が示唆された。

4.4 本章のまとめ

　本章の検討で明らかなように，教師の教授行動には強い安定性がある。これは，教師の発話のみならず，教師の指名行動についても該当する。また，4.3節の検討から，教師の非言語コミュニケーションについても，その可能性が示唆できる。教師は，日々，授業という営みを繰り返し行っている。その中で，自らの教授方略を内面化している可能性が示唆できる。4.1節の検討の際に，教師発話と比較するために行った児童発話の分析の結果，児童の授業内の発話は日々安定しているわけではなく，また，発話スタイルは学年の変化によってある程度，記述できる可能性が示唆された。これらの結果より，児童の授業内の行動に安定性があるわけではなく，また，その行動は学年によって変化していくことが推察される。授業を教師と児童のコミュニケーションの連続体として捉える視点に立つならば，一方で児童の日々の授業内の行動に多様性がみられているため，それに対応する教師の授業内の行動も多様であることが望まれる。また，同時に，児童の授業内の行動がある程度，学年の変化によって変わっているため，それに対応する教授行動も，学年によって変わることが望まれる。しかし，実際の教師の教授行動には強い安定性があるという結果であった。このような非常に安定した教師の教授行動が児童に影響を及ぼしていることも想像に難くない。実際に異なる教授スタイルを有している教師の授業を検討した結果，教師の教授行動の差異が授業雰囲気の差異に影響を与えている可能性も示唆された。このような教師の教授スタイルの安定性・固定化は授業のマンネリ化にもつながりやすいといえる。換言するならば，このような教師の有する安定性・固定化を崩すことが出来ないのならば，同一教師による授業は常に同一の授業雰囲気を形成し，授業に変化が現れないということもありうる。

　本章の目的は前述のように，小学校の現場で行われている授業実践を教師の教授行動に着目して，その特徴を明らかにすることであった。授業実践を教師の行動という観点から定量的に記述することにより，いくつかの問題を提起した。これらの問題は，授業が教師と児童のコミュニケーションにおいて成立し，かつ，日々，一斉授業という形態をとって行われていることを踏まえると，授業の根幹に関わる問題であるといえる。しかし，本章の各研究からでは，その問題についての詳細な検討をするためにはデータ不足である。本章で明らかと

なった課題と問題点として，次の4点が挙げられる。

　第一は，本章の検討により明らかにされた，教師個人の教授行動の安定性と固定化についてのより詳細な検討である。本研究では分析の対象として国語科の授業を選択した。そのため，過度な一般化は避けるべきである。今後，事例を拡大し教科を変えて分析することにより，これらの事象が一般的に該当することなのかどうかを検討する必要がある。また，様々な年齢の教師を分析対象にすることにより，安定性（固定化）が教師個人の内部に培われる過程を検討する必要がある。

　第二は，教師-児童間の詳細なやりとりの検討である。本章では，初等教育における授業を定量データで記述する試みを行った。教師，児童の発話をそれぞれ独立に分析したため，実際の教師と児童の相互交渉までは分析の対象にしていない。また，教師の指名行動のみを単独で分析しているため，対応する児童の挙手に関しては考慮に入れていない。今後，一斉授業の場における，教師と児童の詳細な相互行為をもとに，授業を記述する試みが必要になってくる。

　第三は教師の授業実践の特徴を把握する研究方法の確立が挙げられる。教師の様々な授業中の行動が授業雰囲気に影響を与えている可能性は明らかになった。しかし，授業の雰囲気と教師の教授行動に関する関連が，本章の検討で明らかになったとはいえない。より，その関係を記述できる分析方法を考えていく必要がある。

　第四は教師の授業中の行動に関しての分析方法である。本研究では，授業中の教師の行動として，授業内発話，指名行動，視線，立ち位置，待ち時間を分析変数とした。しかし，授業中の教師の行動は多様である。非言語行動に焦点を当てるのであれば，今後より詳細で多様な検討を行っていく必要がある。具体的には教師の視線がどの児童を見ているのかというところまで，分析対象とするような視線の精緻化や教師の立ち位置の時系列の変化の分析などである。また，教師の非言語行動は多種多様にあり，児童に様々な影響を与えている可能性も示唆される。例えば，表情や身体動作，発話の際の声の強弱なども授業を構成する重要な要因である。今後，それらの詳細な検討を行うことによって，より詳細な教師の行動と授業雰囲気との関連の分析を行うことが出来ると考えられる。

第5章
一斉授業における雰囲気の検討

　前章では，授業中の教師の行動について検討を行った。研究1，2において，教師が有している教授行動の安定性（固定性）が明らかにされ，さらに，研究3において，教師の授業中の行動の違いが，授業の雰囲気に影響を及ぼしている可能性が示唆された。

　そこで本章では，授業そのものを測定する指標として，授業雰囲気に着目し，一斉授業の雰囲気を客観的に測定することを試みる。客観的に測定するための手段として，授業の構成要因である教師・児童ではない第三者による測定を実施した。

　第1節（5.1）では，授業雰囲気の構成因子を明らかにするために，SD法を用いて探索的に授業雰囲気についての検討を行った。また，第三者評価の妥当性およびその特徴の検討を行った。

　第2節（5.2）では，第一節の研究結果を踏まえて，授業雰囲気尺度の作成を行い，信頼性・妥当性の検証を行った。また，授業雰囲気と教授行動との関連についての分析を行い，第三者が認知する授業雰囲気の特徴についての検討を行った。

　第3節（5.3）では，授業雰囲気尺度を教員（教職経験者）に実施し，教職経験者の授業雰囲気認知の特徴について検討を行った。また，第2節の研究結果と比較することにより，教職経験者とそうでない人との授業雰囲気の認知についての差異の検討を行った。

5.1 異なる教授スタイルを有する 2 クラスの授業雰囲気の探索的検討（研究 4）

■ 5.1.1 目　的

　本節では，小学校の国語科の授業を対象に，その授業の雰囲気を構成する因子を探索的に明らかにし，教師の教授行動と授業雰囲気の構成因子との関係について検討することを目的とした。授業の雰囲気を考える上で，その雰囲気を形成する児童や教師が評定を行うことは，客観性があるとはいえない。そこで，本研究では，授業雰囲気の評定を行う際に，教師，児童ではない第三者によって授業雰囲気の評定を行った。

■ 5.1.2 方　法

1. 質問項目の作成

　授業雰囲気を評定する質問項目は，Semantic Differential 法（SD 法）形式で作成した。明るい‐暗いなどの 34 の形容詞対を用いて，授業雰囲気を評定した（Table 5-1）。回答は 7 段階評定〔例えば，①非常に明るい，②かなり明るい，③やや明るい，④どちらでもない，⑤やや暗い，⑥かなり暗い，⑦非常に暗い〕を用いて実施した。

　教授行動を評定する項目は，吉崎・水越（1979）の教授行動に関する 46 の質問項目を参考にして，小学 2 年生の国語科の授業における教師の教授行動に関する質問項目を作成した。その際，以下の二点を考慮して選定した。一つは国語科の授業に関わる項目に限定した。二つ目に，後述するように，本研究における実験デザインとして，撮影された授業ビデオを見て第三者が授業雰囲気の評定を行うという形式で実施しているため，教師の教授行動を客観的に評価できる項目を採用した。その結果，20 項目を抽出した。各質問項目の内容を，Table 5-2 に示す。回答は 5 段階評定〔①非常に…している，②かなり…している，③少し…している，④あまり…していない，⑤全く…していない〕で実施した。

2. 調査手続き

(1) 評定対象

授業雰囲気の評定対象は，研究1（4.1節）の教師発話のクラスター分析の結果，教師の教授スタイルが異なっている2年生の2クラスを取り上げた（便宜上A組，B組とする）。各クラスとも男子14名，女子16名の計30名であった。授業者はいずれもクラス担任であり，A組は50歳代後半，B組は40歳代前半の女性教師であった。

(2) 対象授業

対象となる授業は9月下旬に実施された国語の授業で，各クラス5回分（1回45分授業）であった。対象クラスの担任には，授業前に特別に意識することなく，普段通りのカリキュラムで授業を進めるよう予め了解を得た。映像記録は教室全体が写るように，教室の後方と前方2箇所にビデオカメラを設置して録画した。映像記録は，教室の後ろから教師の動きを中心に，教室全体を鳥瞰的に撮影した。本研究では授業開始から20分間を評定対象とした。その理由として，授業開始20分間で，授業の開始から，本時の課題にまで入っており，その20分間を観察することで授業の雰囲気が把握できると判断したためであった。

(3) 評定者

首都圏の大学に通う19歳〜27歳の大学生32名（男子，女子ともに16名）。

(4) 評定手続き

本研究の目的は授業の雰囲気を第三者が客観的に評定することにより，その構成因子を明らかにすることであった。授業雰囲気の評定には，その授業の特徴を出来るだけ多くの授業をもとに総合的に判断することが不可欠である。当該クラスの1回のみの授業をもとに判断した場合，教師の些細な気分の違いや，授業内に偶発的に生起する各種のできごと等によって，評定内容に影響を及ぼすことが十分想定できる。しかし，各クラス5回分，計10回分全ての授業を評定者が視聴した後に，雰囲気の評定を行う事は，評定者に多大な負荷を与え

第5章 一斉授業における雰囲気の検討

るとともに，評定結果の妥当性にも問題を及ぼすと考えられる。そのため，本研究では，1人の評定者が各クラス2回分，計4回分の授業を視聴して（1クラス20分×2×2＝80分間），授業雰囲気の評定を行った。

実験デザインは以下の通りとした。A組の1回目の授業とB組の1回目の授業を1ユニットとし，便宜上Ⅰとした。A組の2回目の授業とB組の2回目の授業を1ユニットとし，便宜上Ⅱとする。同様にⅢ，Ⅳ，Ⅴのユニットを作った。一人の評定者が2つのユニットを視聴し評定を行った。すなわち，ユニットの組み合わせは10通りとなる。〔Ⅰ・Ⅱを見る評定者，Ⅰ・Ⅲを見る評定者，Ⅰ・Ⅳを見る評定者…というように組み合わせを作る。〕

32名の評定者を，3～4名ずつ10グループにわけ，先に作った組み合わせの授業ビデオの視聴を行った。さらに視聴順による効果を考慮し，A組→B組の順で見る評定者と，B組→A組の順で見る評定者を同数にした。例えば，Ⅰ（各クラスの1回目の授業），Ⅱ（各クラスの2回目の授業）の組み合わせで，A組→B組の順でビデオを見る評定者の実際の評定の流れはFigure 5-1のようになる。評定の際には，以下の教示を行った。

> 教示：これから異なる2クラスの国語の授業を冒頭20分間視聴してもらいます。視聴してもらう授業の数は各クラス2回分です。ビデオの視聴を基に，視聴後，各クラスの授業雰囲気の評定を行ってもらいます。授業雰囲気を評定する際には，そのクラスの2回の授業の雰囲気を基に判断を行ってください。授業映像の視聴中は自由にメモを取り，授業雰囲気の評定に際してはそのメモを見ても構いません。

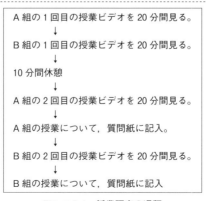

Figure 5-1　授業評定の過程
（ユニットⅠ・Ⅱ A→Bの順に視聴のグループ）

5.1.3 結　果

1. 授業雰囲気の因子分析

　授業の雰囲気34項目について因子分析を行った。分析にあたり，最尤法で因子を抽出した後，プロマックス回転によって因子軸の回転を行った（Table 5-1）。初期解における固有値の減衰状況（第1因子から第5因子まで，13.048, 6.158, 2.852, 1.494, 1.115）を考慮した結果，4因子を採択した。さらに，個人ごとの因子得点を求めた。

　次に，1つの因子に.400以上の因子負荷量を示す項目をもとにして，因子の解釈を行った。第1因子で高い因子負荷量を示す項目には，"あたたかい－つめたい""明るい－暗い""動的な－静的な"などの項目が含まれていた。これらの項目は，教師や児童それぞれ個人の行動や言動，表情などから受ける印象を表す項目であると考えられる。そこで第1因子を「親和・活動」因子と命名した。

　第2因子で高い因子負荷量を示す項目には，"安定した－不安定な""丁寧な－乱暴な""まとまった－バラバラな"などの項目が含まれていた。これらの項目は，授業の中で児童と教師のかかわりの様子から受ける印象を表す項目と推定できる。そこで第2因子を「相互交渉」因子と命名した。

　第3因子で高い因子負荷量を示す項目は，"特色のある－ありきたりな""変化に富んだ－単調な""魅力的な－つまらない"などの項目を含んでいた。これらの項目は，授業そのもの特徴を表している項目であった。そこで第3因子を「授業特性」因子と命名した。なお，第4因子は2項目の形容詞対のみで，解釈には十分な項目数ではないと判断したため，分析から除外した。

2. 教授行動の因子分析

　教師の教授行動20項目について因子分析を行った。分析にあたり，主因子法で因子を抽出した後，プロマックス回転によって因子軸の回転を行った（Table 5-2）。初期解における固有値が1以上の基準によって因子数の決定を行った。その結果，5因子が抽出された。さらに，個人ごとの因子得点を求めた。

Table 5-1 SD法による授業雰囲気の因子分析結果（因子パターンと因子間相関）

			因子Ⅰ	因子Ⅱ	因子Ⅲ	因子Ⅳ
あたたかい	—	つめたい	.985	.317	−.143	−.051
明るい	—	暗い	.971	.002	−.120	.175
活発な	—	おとなしい	.934	.039	−.178	.317
動的な	—	静的な	.908	−.039	−.014	.146
にぎやかな	—	静かな	.890	−.177	−.174	.133
うちとけた	—	堅苦しい	.826	−.018	.071	.020
積極的な	—	消極的な	.791	.249	.186	.103
近づきやすい	—	近づきがたい	.735	−.192	.094	−.171
やさしい	—	きびしい	.658	−.047	−.015	−.328
なごやかな	—	とけとげしい	.650	.205	.003	−.322
うきうきした	—	しみじみとした	.649	−.202	.144	.066
ゆるんだ	—	緊迫した	−.600	.391	.233	.083
ゆったりした	—	はりつめた	.587	−.194	−.073	−.381
軽やかな	—	重々しい	.572	−.219	.412	−.038
開放された	—	抑圧された	.569	−.277	.386	−.125
愉快な	—	不愉快な	.531	−.020	.420	−.122
熱心な	—	熱心でない	.464	.437	.188	.209
威厳のある	—	へりくだった	−.463	−.248	−.089	.204
民主的な	—	非民主的な	.437	.306	.282	−.291
安定した	—	不安定な	.016	.807	−.214	−.177
丁寧な	—	乱暴な	.015	.738	.082	−.125
デリケートな	—	がさつな	−.135	.725	.006	−.187
まとまった	—	バラバラな	−.154	.684	.119	.058
調和的な	—	調和的でない	.339	.640	−.128	−.035
勤勉な	—	怠惰な	−.314	.640	.128	−.056
はっきりした	—	ぼんやりした	.175	.630	.133	.322
特色のある	—	ありきたりな	−.162	.066	.816	.109
変化に富んだ	—	単調な	.248	−.156	.736	.005
魅力的な	—	つまらない	.336	.110	.664	.010
印象の強い	—	印象の薄い	.139	.116	.555	.389
能動的な	—	受動的な	.406	−.055	.538	−.056
洗練された	—	素朴な	−.226	.138	.409	.306
のんびりした	—	せわしない	−.111	.004	.065	.742
おだやかな	—	はげしい	.103	−.409	.134	.720

	因子Ⅰ	因子Ⅱ	因子Ⅲ	因子Ⅳ
因子Ⅱ	.294			
因子Ⅲ	.405	.354		
因子Ⅳ	.127	.064	.009	

次に，1つの因子に.400以上の因子負荷量を示す項目をもとにして，因子の解釈を行った。第1因子で高い因子負荷量を示す項目は，"他の児童の意見と比べて考えさせる" "いろいろな意見を出させる" "答えがいろいろ出るような質問をする" などであった。これらの項目は，児童が活発に，積極的に発言するように促すための教師の教授行動であると判断できる。授業中，児童が積極的に発言することは，児童が授業へ参加しているということでもある。そこ

Table 5-2 教授行動の因子分析結果（因子パターンと因子間相関）

	因子Ⅰ	因子Ⅱ	因子Ⅲ	因子Ⅳ	因子Ⅴ
他の児童の意見と比べて考えさせる	.871	−.151	−.132	.112	.209
いろいろな意見を出させる	.832	.038	−.104	.112	−.284
答えがいろいろ出るような質問をする	.798	.112	−.046	−.167	−.069
児童たちが自分で考えたことを言うように指導している	.690	.044	.018	.037	−.060
児童たちと同じ気持ちになって，いっしょに考える	.362	.302	.354	−.036	.092
児童たちの発表を良く聞いている	.114	.830	−.072	−.153	−.070
分かりやすくはっきりと発表するよう指導している	.007	.639	−.390	.080	.164
友達の話を良く聞くように言う	.032	.521	−.177	−.096	.457
児童たちが自分でも出来るという自信を持たせるようにしている	.323	.470	.169	.033	−.093
分かりやすくはっきりと黒板に書いている	−.076	.400	.133	.107	−.192
児童たちが良い発表をしたときにほめる	.079	.385	.377	−.032	.159
分かりやすく説明している	.032	.361	.182	.253	.087
授業中，児童たちの様子を見て回る	−.033	−.240	.793	−.174	.019
児童たちの表情や動作をよく見ている	−.087	−.084	.768	.130	.277
明るくにこやかに授業をしている	−.072	.349	.685	−.031	−.284
えこひいきしないで，みんな同じように扱っている	.353	−.020	.476	.098	.022
授業の目的をはっきり示している	.108	−.076	−.065	.962	−.065
授業のときに，児童たちが知っていることや前に習った事をよく問いかける	−.171	.477	.042	.524	.078
児童たちがおしゃべり，いたずら，よそ見などをすると注意する	−.260	−.039	.062	.015	.809
児童たちが答えに困ったときや答えを間違ったとき，質問を言い換えたりする	.349	−.094	.196	−.072	.562

	因子Ⅰ	因子Ⅱ	因子Ⅲ	因子Ⅳ	因子Ⅴ
因子Ⅱ	.614				
因子Ⅲ	.300	.324			
因子Ⅳ	.405	.497	.008		
因子Ⅴ	.307	.285	.024	.370	

で第1因子を「授業参加促進」因子と命名した。

第2因子で高い因子負荷量を示す項目は，"児童たちの発表をよく聞いている""分かりやすくはっきりと発表するよう指導する""友達の話を良く聞くように言う"などであった。これらの項目は，授業中の児童の反応に対して行う教師の教授行動であると考えられる。そこで第2因子を「児童へのフィードバック」因子と命名した。

第3因子で高い因子負荷量を示す項目は，"授業中，児童たちの様子を見て回る""授業中，児童たちの表情や動作をよく見ている""明るくにこやかに授業をしている"などであった。これらの項目は，授業をよりよいものにし，授業のスムーズな進行に繋がる教授行動と考えられる。そこで第3因子を「授業マネージメント」因子と命名した。

第4因子は"授業の目的をはっきり示している""授業のときに，児童たちが知っていることや前に習ったことをよく問いかける"の2項目であった。これらの項目は，授業を進めるための教師から児童への働きかけであり，本時の課題を明確にするための教授行動であると判断できる。そこで第4因子を「課題明確化」因子と命名した。

第5因子は"児童たちがおしゃべり，いたずら，よそ見などをすると注意する""児童たちが答えに困ったときや答えを間違ったとき，質問を言い換えたりする"の2項目であった。これらの項目は，授業そのものや内容に関して，児童の対応判断に対する教師による指導の項目であり，児童の行動を修正するための教授行動であると考えられる。そこで，第5因子を「行動修正」因子と命名した。

3. 授業雰囲気と教授行動の関係

授業雰囲気と教師による教授行動との関係を検討するため，教授行動の5つの因子得点を独立変数に，授業雰囲気の3つの因子得点を従属変数とした強制投入法による重回帰分析を行った（Table 5-3）[1]。「親和・活動」因子に関しては，教授行動の5因子全てに対して偏回帰係数が有意であった。特に，教師の「課題明確化」因子や「行動修正」因子は，「親和・活動」因子に負の影響を及ぼしていた。この結果より教師の授業での教授行動が「親和・活動」因子に対

5.1 異なる教授スタイルを有する2クラスの授業雰囲気の探索的検討（研究4）

Table 5-3 授業雰囲気因子と教授行動因子の重回帰分析表

	親和・活動	相互交渉	授業特性
授業参加促進	.355**	−.022	.539**
フィードバック	.255*	.374**	.190
マネージメント	.561**	−.381**	.019
課題明確化	−.195*	.413**	.211
行動修正	−.394**	.084	−.173
決定係数（R^2）	.803**	.556**	.573**

** : $p<0.01$　* : $p<.005$

し十分な予測力を持つと判断できる。「親和・活動」因子は教師・児童それぞれの個人の行動や表情などから形成されている雰囲気と判断できる。教師の過度な課題に対する行動や注意指示といった行動が、この授業に参加している人々の雰囲気をネガティブな印象にする可能性が高いことが示唆される。「相互交渉」因子に関して偏回帰係数が有意であった変数は「児童へのフィードバック」因子，「授業マネージメント」因子，「課題明確化」因子の3つであった。教師による「授業マネージメント」行動は「相互交渉」因子に負の影響を及ぼしていた。このことから教師の授業そのものへの過度な配慮は，教師と児童の相互交渉をネガティブな印象にしている可能性が示唆できる。それに対し，児童の反応に対する教師のフィードバックや本時の課題を明確にする行動は，教師と児童の相互交渉にポジティブな印象を与える可能性が高いと推察される。「授業特性」因子に関して偏回帰係数が有意であった変数は，「授業参加促進」因子のみであった。このことから，多様な意見を出させたり，自分で考えたことを言うように促すといった教師の児童への授業参加への働きかけが，授業そのものの雰囲気に影響を及ぼすことが示唆された。また，決定係数（R^2）は授業雰囲気の3因子全てのモデルにおいて1％水準で有意であり，ある程度高い数値であったと判断できる。このことは，本研究で採用した第三者による客観

---

1) 独立変数に用いた指標が教師の教授行動に関する5因子であり，各因子間に相関がみられた。このことより，多重共線性の問題も疑われる。VIF（Variance Inflation factor：分散拡大係数）を算出したところ，第1因子から順に 1.977, 2.316, 1.276, 1.609, 1.255 であり，全て VIF＜4 を満たしており，多重共線性の問題は確認されないと判断できる。

的な授業雰囲気の評定と教師の教授行動が，十分説明可能な範囲で的確に評定されたことを示唆している。

4. 2クラス比較

　授業雰囲気，教授行動のそれぞれの因子に関して2クラス間の比較を試みた。授業雰囲気，教授行動の各因子に関して，クラスごとにそれぞれの因子ごとの合計得点を算出した。各因子の合計得点について対応のある t 検定を行った。授業雰囲気，教授行動の各因子のクラス平均は Figure 5-2 と Figure 5-3 に示した。授業雰囲気の各因子では，t 検定の結果，「親和・活動」因子（$t=2.791$, $df=31$, $p<.01$）と「相互交渉」因子（$t=4.856$, $df=31$, $p<.01$）に関して1％水準で有意差がみられた。この2つのクラスの授業は，教師や児童それぞれの活動や言動によって形成される雰囲気や，教師と児童の相互交渉によって形成される雰囲気に差があった。「親和・活動」因子はA組よりもB組の方が有意に高く，「相互交渉」因子はA組のほうがB組よりも有意に高った。それに対し，「授業特性」因子に関しては，この2クラスにおいて差がみられなかった。

　教授行動の各因子については，t 検定の結果，「児童へのフィードバック」因子（$t=2.206$, $df=31$, $p<.05$）において5％水準で，「授業マネージメント」因子（$t=5.590$, $df=31$, $p<.01$）と「課題明確化」因子（$t=3.185$, $df=31$, $p<.01$）において1％水準で有意差がみられた。この2つのクラスを受け持つ2人の教師の教授行動には，客観的に見た印象としては，児童に授業参加を促

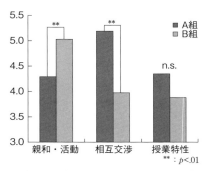

Figure 5-2　授業雰囲気尺度の各因子の評定者平均（クラス別）

5.1 異なる教授スタイルを有する2クラスの授業雰囲気の探索的検討（研究4）

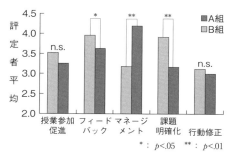

Figure 5-3 教授行動尺度の各因子の評定者平均（クラス別）

す行動や児童の行動に対する注意指導には差がみられず，児童の反応に対するフィードバックや授業のマネージメント，本時に行う課題を明確にするような働きかけにおいて違いがみられた。「児童へのフィードバック」因子と「課題明確化」因子はA組のほうがB組よりも有意に高く，反対に，「授業マネージメント」因子はA組よりもB組のほうが有意に高かった。

授業雰囲気と教授行動の各因子の t 検定結果より，教師の授業をよりよいものにしようとする行動や児童の気持を配慮する行動が，教師や児童自身が形成する雰囲気をより高めることに繋がることが示唆された。また，授業を始める際の本時の課題を明確にする行動や児童の反応に対する教師のフィードバックが教師－児童間の相互交渉によって形成される雰囲気を高めることにつながることが示唆された。

5. 授業雰囲気に関する評定者のクラス間相関

次に同じ評定者のA組とB組の授業雰囲気に関する評定について検討した。授業雰囲気項目全32項目（第4因子の2項目は除いた）のA組，B組ごとの合計得点を算出し，相関を検討した。同一評定者がA組の授業雰囲気に与えた得点とB組の授業雰囲気に与えた得点との間に中程度の負の相関（$r = -.615$）がみられた（Figure 5-4）。同じ授業をみても，評定者によってポジティブあるいはネガティブな印象をもつ場合もあることが明らかとなった。併せて一方の授業に対して，ポジティブと判断したケースでは他方の授業に対してネガティブと判断する傾向があることも示唆された。

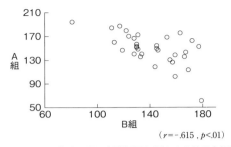

Figure 5-4　A組とB組の授業雰囲気評定の合計得点相関

　これらの結果より，2つのクラスを比較させた上での印象評定の影響の有無についても想定する必要があろう。しかし，同じ授業を見て異なる印象を抱くということは，授業の雰囲気を考える際には多様性を持った視点を導入することがきわめて重要であると考えられる。本研究の結果は，授業雰囲気が授業自体によって異なるのではなく，その授業を評価する評価者の価値観が異なることが大きな要因となっているものと推察される。

5.1.4　考　察

　本節では，小学2年生2クラスの国語科の授業5回分を用いて，第3者評価による授業雰囲気の評定と教師の教授行動との関係を検討した。

　授業雰囲気の構成因子として，「親和・活動」「相互交渉」「授業特性」の3因子が抽出された。この抽出された3つの雰囲気は，「場を構成している構成員」「場を構成している構成員間の交渉」「場そのもの」として捉えることが可能であった。本研究の結果は，一斉授業における雰囲気の構成因子には少なくとも三種類の要因から考えることが可能であることを示した。一斉授業の雰囲気は，授業（場）そのものの雰囲気だけでも，それを構成する構成員自体の雰囲気や構成員間の相互交渉だけでもなく，それらが融合したところに現出するものと推測できる。一斉授業を評価する視点の一つとして授業雰囲気を考える際，授業全体を鳥瞰的に捉える視点と同時に，その内部の構成員自体にも目を向ける必要があろう。

　授業雰囲気の3因子を従属変数，教師の教授行動を独立変数とした重回帰分

析の結果，教師の授業における教授行動が授業雰囲気に影響を及ぼしている可能性の高いことが示された。このことは，教室内での教師の影響力の大きさを再確認すると同時に，教師の教授方略が授業雰囲気形成に重要な役割を担っていることを示した。したがって，授業における教師の児童への働きかけなどがその授業の雰囲気そのものを変化させる可能性が高いと判断できる。また重回帰分析の結果，授業雰囲気の3因子全てのモデルにおいて決定係数が高かったことから，本研究で用いた映像記録視聴による第三者の授業雰囲気評定には一定の妥当性があるものと判断できる。しかし，この判断の重要性については，今後さらに詳しい検討が必要であろう。

　本研究では，授業雰囲気の指標としてSD法を用いた。しかし，三島・宇野（2004）が指摘しているように，SD法による表現は多義的であり，具体像がつかみにくい短所もある。本研究で得たSD法による授業雰囲気の各因子をもとにした，より授業の雰囲気を記述できるような尺度の検討が必要である。

5.2　授業雰囲気尺度の作成と妥当性の検証（研究5）

■ 5.2.1　目　　的

　前節では，一斉授業の雰囲気に関して教師・児童ではない第三者による評定を試みた。その結果，授業雰囲気を構成する要因として3因子が抽出された。その際に，授業雰囲気を構成する要因を探索的に明らかにするために，授業雰囲気の指標としてSD法を採用した。しかし，三島・宇野（2004）が指摘しているようにSD法による表現は多義的であり，具体像がつかみにくい短所もある。そこで，本節では，第三者によって雰囲気を評定することが可能な授業雰囲気尺度を作成し，その信頼性と妥当性を検討することを目的とした。

5.2.2 方法

1. 授業雰囲気尺度の作成

予備調査として，大学生および大学院生32名（男子16名，女子16名）に小学校の一斉授業のビデオを見てもらい，授業の雰囲気についての自由記述を収集した。収集した自由記述をもとに，5.1節のSD法による授業雰囲気尺度の3因子を参考にして，授業雰囲気尺度30項目を作成した。回答形式は「全く当てはまらない」-「非常に良く当てはまる」の5件法を採用した。

2. 妥当性のための尺度

尺度の妥当性を検討するために，教室内の目標構造から学級雰囲気を測定している三木・山内（2004）のPALS（Patterns of Adaptive Learning Scale）14項目との関連を検討した。PALSは「熟達目標（5項目）」「遂行-接近目標（5項目）」「遂行-回避目標（4項目）」の3因子から構成されている。本来PALSは，その学級に在籍している児童が，自らのクラスの目標構造をどのように認知しているのかについて測定するものである。本研究では，第三者評価を行っているため，教示文として「児童の立場に立ってお答えください。あなたがもしこのクラスにいたとしたら，以下の項目はどのくらい当てはまりますか」という一文を明示した。なお，回答形式は「全く当てはまりません」-「非常に良く当てはまります」の5件法を採用した。

3. 教授行動尺度

吉崎・水越（1979）の教授行動に関する46の質問項目を参考に研究4（5.1節）で作成した，教授行動尺度5因子・20項目を用いた。回答形式は「全く……していない」-「非常に……している」の5件法を採用した。

4. 調査手続き

(1) 評定対象

授業雰囲気の評定対象は，5.1節の2年生の2クラスを取り上げた（便宜上A組，B組とする）。各クラスとも男子14名，女子16名の計30名であった。

授業者はいずれもクラス担任であり，A組は50歳代後半，B組は40歳代前半の女性教師であった．研究1の結果より，この2クラスの教師の教授スタイルの特徴は，2-Aは「相互交渉型の規律型」で，2-Bは「冗長型」であった．「相互交渉型の規律型」は，児童との相互交渉をはかりながら，クラスを統制して授業を進行させる教師といえる．反対に「冗長型」は，授業進行に「児童に対する応答」「雑談」「児童の感情受容」などを多く取り入れ，授業とは関係のない雑談や，児童の発言などを拾いながら授業を進行させる教師といえる．

(2) 対象授業

対象となる授業は5.1節で採用した授業記録を使用した．すなわち，9月下旬に実施された国語の授業で，各クラス5回分（1回45分授業）であった．

(3) 評定者

首都圏の大学に通う18歳-38歳の大学生・大学院生204名であった（男子105名，女子99名）．

(4) 評定手続き

5.1節と同様の手続きとした（Figure 5-1参照）．5回分の授業のうち，1人の評定者が各クラス2回分，計4回分の授業を視聴して，授業雰囲気の評定を行った．すなわち，10通りの組み合わせを作成した．10通りの視聴は，カウンターバランスを考慮して，各組み合わせ20～21名ずつの評価者が評価を行った．さらに，順序効果を考慮して，各組み合わせの中で，A組→B組，B組→A組の順で視聴・評価を行う評価者をそれぞれ9～12名とした．詳しい組み合わせ及び視聴順ごとの人数はTable 5-4に示した．

Table 5-4 組み合わせごとの評価者の人数

視聴回	A→B	B→A	合計
1,2	10	10	20
1,3	11	9	20
1,4	12	9	21
1,5	10	10	20
2,3	11	9	20
2,4	10	12	22
2,5	10	10	20
3,4	10	10	20
3,5	11	9	20
4,5	10	11	21

5.2.3 結　果

1. 授業雰囲気尺度の検討

授業雰囲気尺度30項目のうち，平均が極端に大きい項目を除外したのち，因子分析を行った．分析にあたり，最尤法で因子を抽出したのち，プロマックス回転によって因子軸の回転を行った．因子負荷が1つの因子について0.40以上でかつ2因子にまたがって.400以上の負荷を示さない3因子18項目を選出した（Table 5-5）．

次に，1つの因子に.400以上の因子負荷量を示す項目を基にして，因子の解釈を行った．第1因子で高い因子負荷量を示す項目には，「互いに監視している」「威圧的である」「重々しい」「はりつめている」などの項目が含まれていた．これらの項目は，教師が授業を円滑に進めるために，児童を授業に集中させるために作り出した統制的な雰囲気であると考えられる．そこで，第1因子を「統制」と命名した．第2因子で高い因子負荷量を示す項目には，「変化に富んでいる」「柔軟性がある」「民主的である」「先生との距離が近い」などの項目が含まれていた．これらの項目は，教師が和やかに授業を進行させている雰囲気であり，児童が自由に発言できる雰囲気であると考えられる．そこで第2因子を「自由・積極」と命名した．第3因子で高い因子負荷量を示す項目は，「騒がしい」「落ち着きがない」「せわしない」「まとまりがある（逆転項目）」などの項目を含んでいた．これらの項目は，児童が騒がしくしていて，教師主導の

Table 5-5 授業雰囲気尺度の因子分析結果

質問項目	因子負荷量		
	因子Ⅰ	因子Ⅱ	因子Ⅲ
Ⅰ．統制（α=.916）			
互いに監視している	.909	.340	.134
威圧的である	.878	−.107	.185
重々しい	.812	−.134	.074
はりつめている	.713	−.033	−.134
堅苦しい	.670	−.253	−.069
先生の顔をうかがう	.632	−.154	−.016
管理的である	.505	−.172	−.170
Ⅱ．自由・積極（α=.857）			
変化に富んでいる	.311	.861	.020
柔軟性がある	−.128	.742	−.036
民主的である	.026	.663	−.136
先生との距離が近い	−.163	.580	.186
間違えてもかまわない	.251	.570	−.020
発言しやすい	−.248	.539	.006
Ⅲ．喧騒（α=.705）			
騒がしい	−.024	.091	.871
落ち着きがない	.002	−.023	.847
せわしない	.115	−.024	.760
まとまりがある（R）	.230	.341	−.645
ダラダラしている	.227	.139	.451

因子間相関	因子Ⅰ	因子Ⅱ
因子Ⅱ	.663	
因子Ⅲ	.538	.132

＊因子抽出法：最尤法　回転法：Kaiserの正規化を伴うプロマックス法。
＊質問項目の後ろの（R）は逆転項目を示している。

授業の進行が困難な雰囲気であると考えられる。そこで第3因子を「喧騒」因子と命名した。尺度の信頼性を求めたところ，Cronbachのα係数は，第1因子が0.916，第2因子が0.857，第3因子が0.705であった。第3因子の値は高いとはいえないが，一応の信頼性が保証された。

次に，尺度の妥当性を検討するため，PALSの3つの下位尺度との相関係数を算出した（Table 5-6）。その結果，「統制」的雰囲気に関しては，「遂行−接近」「遂行−回避」目標と中程度の正の相関（r=.596, .568），「熟達」目標と中程度の負の相関（r=−.530）が認められ，「自由・積極」的雰囲気に関しては，

Table 5-6 授業雰囲気尺度とPALSとの関連

	熟達目標	遂行-接近目標	遂行-回避目標
統制	$-.530^{***}$	$.596^{***}$	$.568^{***}$
自由・積極	$.784^{***}$	$-.595^{***}$	$-.603^{***}$
喧騒	$-.043$	$-.024$	$-.020$

$^{***}p<.001$

「遂行-接近」「遂行-回避」目標と中程度の負の相関（$r=-.595$, $-.603$），「熟達」目標と高い正の相関（$r=.784$）が認められた。また，「喧騒」的雰囲気に関しては相関は認められなかった。

熟達目標は課題の熟達を通して自分自身の能力の発達と向上を目指すものであり，子どもの進歩や努力，探究心などを育むものである。「自由・積極」的雰囲気と高い正の相関がみられたことから，「自由・積極」的雰囲気と熟達目標は類似した概念を扱っていると考えられる。また，遂行目標は他人との相対的な比較によって高い能力や評価の獲得を目指すものであり，「結果のみが全てである」「能力で他の人を凌いだりする」ことが重視される。2つの遂行目標が「統制」的雰囲気と有意な正の相関が見られたことから，「統制」的雰囲気は遂行目標と類似した概念を扱っていると考えられる。「自由・積極」的雰囲気は，児童ののびのびした様子を表しているものと考えられ，「統制」的雰囲気は，教師による教室内の秩序化を表しているものと考えられる。また，「喧騒」的雰囲気は，教室目標という観点とはかけ離れた，授業内のうるささを表しているものと考えられる。以上のことから，授業雰囲気尺度とPALSとの関連の検討は，納得のいく結果であったと判断でき，授業雰囲気尺度の一定の妥当性が確認された。

2. 授業雰囲気尺度と教授行動との関連の検討

授業雰囲気と教師による教授行動との関係を検討するため，教授行動の5つの因子得点を独立変数に，授業雰囲気の3つの因子得点を従属変数としたステップワイズ法による重回帰分析を行った（Table 5-7）[2]。

決定係数を検討すると，決して高い値ではないが，授業雰囲気の各因子が教授行動の5因子によって，ある程度，説明可能であることが示唆された。偏回

5.2 授業雰囲気尺度の作成と妥当性の検証(研究5)

Table5-7 授業雰囲気尺度の3因子と教授行動因子の重回帰分析表

	統制	自由・積極	喧騒
授業参加促進	−.336**	.447**	.180**
フィードバック		.131**	−.465**
マネージメント	−.449**	.457**	.239**
課題明確化	.126*		−.176**
行動修正	.305**	−.190**	
決定係数 (R^2)	.397**	.627**	.265**

** : $p<.01$　* : $p<.05$

帰係数の検討を行った結果,以下のことが明らかになった。教師の「授業参加促進」因子,「授業マネージメント」因子が「統制」的雰囲気を弱める影響を及ぼし,「課題明確化」因子,「行動修正」因子が「統制」的雰囲気を強める影響を及ぼしていた。「自由・積極」的雰囲気に関しては,「授業参加促進」因子,「児童へのフィードバック」因子,「授業マネージメント」因子が正の影響を及ぼし,「行動修正」因子のみが負の影響を及ぼしていた。また,「喧騒」的雰囲気に関しては,「授業参加促進」因子,「授業マネージメント」因子が正の影響を,「児童へのフィードバック」因子,「課題明確化」因子が負の影響を及ぼしていた。以上の結果より,教師の授業に対する取り組みが「統制」的雰囲気を作り出すと同時に,「喧騒」的雰囲気を鎮めることにつながり,反対に,教師の児童との関わりが「統制」的雰囲気を和らげ,「喧騒」的雰囲気を形成することが示唆された。

3. 授業雰囲気尺度と教授行動の2クラス比較

次に,授業雰囲気,教授行動のそれぞれの因子に関して2クラス間の比較を試みた。授業雰囲気,教授行動の各因子に関して,クラスごとにそれぞれの因

---

2) 独立変数に用いた指標は教師の教授行動に関する5因子である。従属変数ごとにこの5因子のVIFを算出した。統制を従属変数としたときのVIFは,授業参加促進因子は1.317,授業マネージメント因子は1.161,課題明確化因子は1.238,行動修正因子は1.087であった。自由・積極を従属変数としたときのVIFは,授業参加促進因子は1.575,児童へのフィードバック因子は1.618,授業マネージメント因子は1.175,行動修正因子は1.109であった。喧騒を従属変数としたときのVIFは,授業参加促進因子は1.580,児童へのフィードバック因子は2.192,授業マネージメント因子は1.155,課題明確化因子は1.710であった。以上のことより,全てVIF<4を満たしており,多重共線性の問題は確認されないと判断できる。

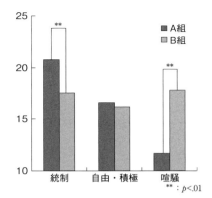

Figure 5-5　授業雰囲気因子のクラス間比較

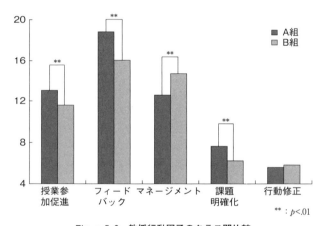

Figure 5-6　教授行動因子のクラス間比較

子ごとの合計得点を算出した。各因子の合計得点について対応のある t 検定を行った。授業雰囲気，教授行動の各因子のクラス平均は Figure 5-5 と Figure 5-6 に示した。

　授業雰囲気の各因子では，t 検定の結果，「統制」因子（$t=4.105$, $df=199$, $p<.01$）と「喧騒」因子（$t=13.526$, $df=199$, $p<.01$）において 1 ％水準で有意差がみられた。この 2 つのクラスの授業は，「統制」的雰囲気と「喧騒」的雰囲気に差がみられるという結果であった。「統制」的雰囲気はB組よりもA組の方が有意に高く，「喧騒」的雰囲気はB組のほうがA組よりも有意に高かった。

それに対し，「自由・積極」的雰囲気に関しては，この2クラスにおいて差がみられなかった。

　教授行動の各因子では，t 検定の結果，「授業参加促進」因子（$t=3.503$, $df=199$, $p<.01$），「児童へのフィードバック」因子（$t=7.695$, $df=199$, $p<.01$），「授業マネージメント」因子（$t=6.644$, $df=199$, $p<.01$），「課題明確化」因子（$t=7.680$, $df=199$, $p<.01$）の4つの因子において1％水準で有意差がみられた。「授業参加促進」因子，「児童へのフィードバック」因子，「課題明確化」因子において，A組のほうがB組よりも有意に高く，「児童へのフィードバック」因子において，B組のほうがA組よりも有意に高かった。5.1節の研究4においては，「授業参加促進」因子においては差がみられないという結果であったが，それ以外の因子においては，5.1節の結果と同様の結果が得られた。また，研究1（4.1節）のクラスター分析の結果，2-A の教師は「相互交渉型の規律型」であり，2-B の教師は「冗長型」の教師であった。教師の教授行動尺度において，A組の教師が，「授業参加促進」因子，「児童へのフィードバック」因子，「課題明確化」因子においてB組の教師よりも高く，反対に「授業マネージメント」因子においてB組の教師のほうがA組の教師よりも高いという本研究の結果は，A組の教師が児童との相互交渉を中心にしながら，授業の規律を維持している教授スタイルをもっており，B組の教師は授業とは関係のない雑談や児童の発言などを拾いながら授業を進行させる教授スタイルを有しているという研究1の結果を再確認するものであった。また，その結果として，A組の授業雰囲気がB組よりも統制的であり，B組の授業雰囲気はA組よりも喧騒的であると認知されたという結果も，納得のいくものであった。

4. 授業雰囲気尺度に関する評定者のクラス間相関の検討

　次に5.1節と同様，同一評定者のA組とB組の授業雰囲気に関する評定について検討した。授業雰囲気項目全18項目の評定者ごとのA組，B組の合計得点を算出し相関を検討した結果，－.654という中程度の負の相関が得られた（Figure 5-7）。この結果は，5.1節と同様の結果であり，一方の授業に対して高い評価を与えた評価者は反対の授業に対しては，低い評価を与える傾向があるといえるとともに，授業雰囲気の差異が，授業そのものによって異なるとい

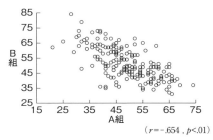

Figure 5-7　A組とB組の授業雰囲気評定の合計得点相関

うよりも，授業を評価する評価者の価値観によって異なることが再確認された。

■ 5.2.4　考　察

　本節では，授業という場を客観的に評定する指標として，授業の雰囲気に焦点をあて，SD法によらない授業雰囲気尺度の作成を行った。また，授業雰囲気と教師の教授行動との関係についての検討も行った。

　授業雰囲気の構成因子として「統制」「自由・積極」「喧騒」の3因子が抽出された。また，PALSとの関連を検討した結果，PALSの3つの下位尺度と「統制」「自由・積極」の因子とは相関が認められ，「喧騒」とは無相関であった。PALSは教室内の目標構造を測定することにより学級の雰囲気を測る尺度であり，「喧騒」等の実際の静かさや騒がしさを測定しているものではないため，喧騒とは無相関であったと考えられる。PALSとの関連を検討した結果は，納得のいくものであり，一定の妥当性は示されたと考えられる。

　また，教師の教授行動との関連を，重回帰分析を用いて行ったところ，教師の教授行動が授業雰囲気に影響を及ぼしている可能性が示唆された。教師の授業参加を促す行動や，授業を運営・維持するような行動は，授業雰囲気の3因子全てに影響を及ぼしている結果となった。また，これらの教授行動は授業雰囲気の「統制」的雰囲気に負の影響を，「自由・積極」「喧騒」には正の影響を及ぼしていることが明らかになった。また，児童へのフィードバックや教師の本時の課題を明確にする行動は，「喧騒」的雰囲気に負の影響を及ぼしていることより，児童へのフィードバックが教室内を静かにさせる影響があることが明らかになった。

さらに，授業雰囲気尺度を用いて第三者によって測定された2クラスの雰囲気は，研究1（4.1節）において教師の授業内発話を定量的に分析することによって弁別した教師の教授スタイルの型とも，整合性のある結果であったといえる。このことからも，第三者評価による授業雰囲気尺度の妥当性をある程度，確認できたと判断できる。

　評価者ごとの2クラスの授業雰囲気評定について検討した結果，研究4の結果と同様に，中程度の負の相関がみられた。これは，一方ではポジティブな評価をした評定者は他方ではネガティブな評価をする傾向があるということである。研究4および本研究の評価者ごとの2クラスの授業雰囲気評定より，授業雰囲気という変数から授業を考える場合，その授業をみている評価者側の価値観により雰囲気が変わる可能性があることを強く示唆された。本研究では評定対象となった授業は，通常の営みの中での授業であった。初等教育の授業をみる際，評定者の中に授業に対するある種の規範意識があり，それをもとに判断している可能性があることが示唆された。

5.3　現役教師の授業雰囲気の認知に関する検討（研究6）

■ 5.3.1　目　　的

　前節まで授業を客観的に測定する手法として，授業雰囲気の第三者評価を試みてきた。しかし，授業雰囲気の評定に際して，評定者は全て学生であったという問題点が指摘できる。学生と実際に授業を行っている現役教師とでは，授業雰囲気の認知に対して異なることが予想される。また，授業という複雑な営みの評価を，教職を経験したことのない学生のみの評価で行うことに対する批判もありうる。

　そこで本節では，5.1節，5.2節と同一の素材（授業）を用いて，同一の方法で現役教師を評価者として授業雰囲気の評定を行い，学生の授業雰囲気認知と比較することにより，現役教師の授業雰囲気認知の特徴を明らかにすることを目的とした。

■ 5.3.2 方　　法

1. 質　問　紙

　授業雰囲気を測定するための尺度として，研究5（5.2節）で作成した授業雰囲気尺度3因子・18項目を用いた。回答形式は「全く当てはまらない」-「非常に良く当てはまる」の5件法を採用した。また，教師の教授行動を測る尺度として，吉崎・水越（1979）の教授行動に関する46の質問項目を参考に研究4（5.1節）で作成した，教授行動尺度5因子・20項目を用いた。回答形式は「全く……していない」-「非常に……している」の5件法を採用した。

2. 調査手続き

（1）評定対象授業

　研究4, 5と同様に，首都圏の公立小学校の2年生2クラスの授業を取り上げた（便宜上A組，B組とする）。対象となる授業も研究4, 5と同様に，9月下旬に実施された国語の授業で，各クラス5回分（1回45分授業）であった。しかし，本研究で授業雰囲気測定に用いた授業は，5回の授業のうちの1回目の授業と2回目の授業のみであった。

（2）評　定　者

　首都圏外の公立小学校の現役教師28名であった（男子11名，女子17名）。評定対象者の教職歴は平均20.4年（SD：9.11）で最長が36年，最短が3年であった。

（3）評定手続き

　全評定者が，A組の1回目の授業を冒頭20分視聴し，続いてB組の1回目の授業を冒頭20分視聴した。休憩をはさみ，A組の2回目の授業を冒頭20分視聴し，A組の授業雰囲気について1回目と2回目の授業の雰囲気を総合的に判断し，質問紙への記入を行った。さらに，B組の2回目の授業を冒頭20分間視聴し，B組の授業雰囲気について1回目と2回目の授業の雰囲気を総合的に判断し，質問紙への記入を行った。

■ 5.3.3 結　果

1. 授業雰囲気尺度の確認的因子分析

　研究5（5.2節）で作成した授業雰囲気尺度は「統制」「自由・積極」「喧騒」の3因子から構成されていた。また，PALSとの関連および授業内での教師・児童の発話分析の結果（研究1）との関連により，妥当性もある程度，確認されている。授業の雰囲気が3因子構造をなしているのならば，現役教師による授業雰囲気の評定においても，3因子構造が確認されるはずである。そこで，研究5で作成した授業雰囲気尺度の妥当性を確認するため，教師評定による授業雰囲気尺度の結果について確認的因子分析を行った。分析に際しては，母数の推定に一般化最小2乗法を用い，因子間相関を仮定した。

　その結果をFigure 5-8に示した。授業雰囲気尺度の全項目に対して確認的因子分析を行った結果，3因子モデルの適合度は良好で，モデルの説明力を示す適合度指標（GFI：goodness of index）の値は.96であり，修正適合度指標（AGFI：adjusted goodness of index）の値は.94であった。以上の結果より，授業雰囲気尺度が3因子からなるという仮説は支持された。

2. 授業雰囲気の特徴と教授行動との関連および2クラスの授業雰囲気の確認

　授業雰囲気と教師による教授行動との関連を検討するため，教授行動の5つの因子得点を独立変数に，授業雰囲気の3つの因子得点を従属変数とした強制投入法による重回帰分析を行った（Table 5-8）。その結果，「統制」的雰囲気に対しては，教師の「授業参加促進」行動が有意な負の影響（$\beta = -.642$, $p < .01$）を及ぼしていた。「自由・積極」的雰囲気に対しては，教師の「授業参加促進」行動が有意な正の影響（$\beta = .531$, $p < .01$）を及ぼしていた。「喧騒」的雰囲気に対しては，教師の「授業参加促進」行動が有意な正の影響（$\beta = .619$, $p < .01$）を，教師の「課題明確化」行動が有意な負の影響（$\beta = -.619$, $p < .01$）を及ぼしていた。重相関係数より，授業雰囲気の各因子が教授行動の5因子によって，ある程度，説明可能であることが示唆された。以上の結果から，研究5と同様に教師の教授行動が授業雰囲気形成に影響を及ぼしていることが

第 5 章　一斉授業における雰囲気の検討

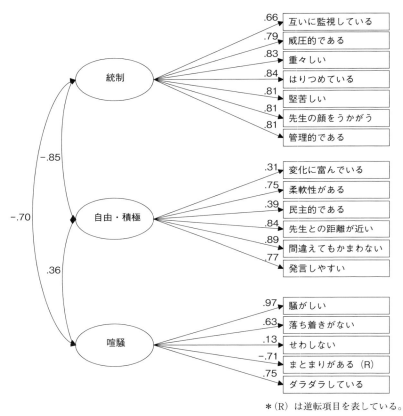

＊(R) は逆転項目を表している。

Figure 5-8　教師評定による授業雰囲気尺度の確認的因子分析

Table 5-8　授業雰囲気尺度の3因子と教授行動因子の重回帰分析表（現役教師）

	統制	自由・積極	喧騒
授業参加促進	−.642**	.619**	.619**
フィードバック	.246	.026	−.324†
マネージメント	−.254†	.255†	.080
課題明確化	.312	−.019	−.531**
行動修正	.099	−.131	−.067
重相関係数 (R)	.565**	.725**	.579**

** : $p<.01$　* : $p<.05$　† : $p<.10$

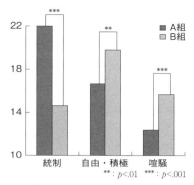

Figure 5-9 授業雰囲気因子のクラス間比較（現役教師評定）

明らかとなった。

次にクラスの雰囲気を現役の教師がどのように認知しているのかを検討するため，2クラスの授業雰囲気に関して対応のあるt検定を行った（Figure 5-9）。その結果，A組はB組よりも授業雰囲気の「統制」的雰囲気が有意に高く（$t=1.772$, $df=27$, $p<.001$），B組はA組よりも授業雰囲気の「自由・積極」的雰囲気（$t=2.891$, $df=27$, $p<.01$）と「喧騒」的雰囲気（$t=3.321$, $df=27$, $p<.001$）が有意に高かった。したがって，教師が評定した本研究のA組とB組の授業雰囲気の結果は，学生が授業雰囲気を評定した研究5の結果と矛盾するものではないことが明らかとなった。評定対象の別なく，授業雰囲気の認知はある程度，一様であることが示唆された。

3. 現役教師と学生の授業雰囲気の認知に関する比較

次に現役教師の授業雰囲気認知の特徴を検討するため，学生の授業雰囲気の測定結果との比較を試みた。比較対象の学生のデータは，教師の視聴した授業と同様のものとするため，研究5（5.4節）において両クラスの1回目と2回目の授業を視聴し評定を行った20名のものを用いた。

クラスごとに，学生，教師の授業雰囲気尺度の因子別合計得点を算出した（Figure 5-10，Figure 5-11）。A組，B組ともに，「喧騒」因子において学生と教師の間に有意な差がみられた（A組；$t=2.22$, $df=46$, $p<.05$, B組；$t=$

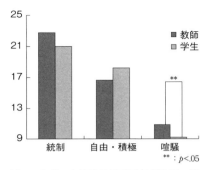

Figure 5-10　A組の授業雰囲気の教師 - 学生比較

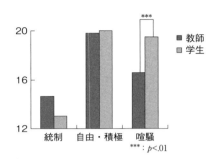

Figure 5-11　B組の授業雰囲気の教師 - 学生比較

3.619, $df = 46$, $p < .01$)。A組の雰囲気に関しては，教師の方が学生よりも喧騒的という認知であるのに対し，B組の雰囲気に関しては，教師の方が学生よりも喧騒的ではないという認知であった。以上の結果より，教師と学生の間には，授業を見る視点ということに関して，「統制」的雰囲気，「自由・積極」的雰囲気の認知には差がみられないが，「喧騒」的雰囲気の認知には差がみられることが明らかになった。2クラスの喧騒得点の差（B組の喧騒得点―A組の喧騒得点）を学生と教師で比べてみると，学生が教師の倍の開きがあることが明らかであった。このことから，教師は日常，授業という場で児童と接しているため，授業特有の喧騒に慣れていることが考えられる。そのため，授業という場に接していない学生が感じる喧騒的な雰囲気に関しての差も感じられないことが推察される。

最後に，現役教師28名と学生20名の，同一評定者によるA組とB組の授業雰囲気評定について検討した。授業雰囲気全18項目の評定者ごとのA組，B組の合計得点を算出し相関を検討した（Figure 5-12，Figure 5-13）。その結果，学生は $r = -.508$ という中程度の負の相関が得られた。これは，研究5において204名の学生の相関を検討した結果を支持するものである。しかし，現役教師が評価者の場合は $r = -.006$ であり無相関という結果であった。この結果より，学生は過去に自らが受けてきた教育や，それによって培われた教育観によって，授業を評価している傾向があることを示唆できる。それに対して，現役の教師の評定の場合，実際に自らが一斉授業を行っているため，自らの授業を

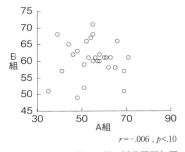
Figure 5-12　A組，B組の授業雰囲気評定の相関（教師）

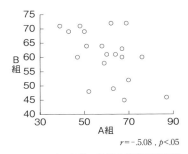
Figure 5-13　A組，B組の授業雰囲気評定の相関（学生）

基準として評定を行っている可能性が示唆できる。ゆえに，両方の授業にネガティブな評価またはポジティブな評価を与える傾向があることが推察できる。

5.3.4　考　察

　本節では，研究5（5.2節）で作成した授業雰囲気尺度を現役の教師に評定してもらうことによって，授業雰囲気の客観的な認知が教職経験者とそうでない人によって差があるのかどうかの検討を行った。

　教師評定による授業雰囲気尺度の結果に対して，確認的因子分析を行った結果，3因子構造が確認された。授業雰囲気が3因子構造をなしているという仮説が支持されるとともに，授業雰囲気尺度の妥当性も確認されたといえる。

　また，授業雰囲気と教授行動との関連を検討した結果，重相関係数より，教師の教授行動が授業雰囲気に影響を及ぼしている可能性が確認された。この結果は，研究4，研究5の結果を支持するものである。

　授業雰囲気の認知に関して，現役の教師と学生の間で差があるかどうか検討を行った。その結果，2クラスともに「喧騒」的雰囲気の評定に関して差が認められた。現役教師のほうが，学生に比べ「喧騒」的雰囲気と感じる幅が少ないという結果であった。教師の「喧騒」的雰囲気に関する評定は，A組では学生よりも「喧騒」的と感じ，B組では学生よりも「喧騒」的ではないという評定であった。この差は現役教師が学生と比べ日常，授業場面を経験していることに起因していると考えられる。しかし，授業の一般公開や授業評価を考える上で，この学生と現役教師の「喧騒」的雰囲気に関する評定の差は大きな意味

を持つと考えられる。授業参観等で外部の人が授業を参観・評価する場合には，学生と同様の評価をする可能性がある。「喧騒」と認知する度合いが，教師と学生で幅があるということは，授業の評価自体に開きがあることを表している可能性も示唆できる。

次に現役教師による2クラスの授業雰囲気評定について検討を行った。学生評定における同様の検討は，研究4（5.1節），研究5（5.2節）において負の相関が示され，評定には評価者の価値観が影響することが示唆された。しかし，教師評定による検討の結果，学生評定と異なり無相関であった。この結果は教師の評定に際しては，学生と異なり自らの授業を基準として評定している可能性があると解釈することができる。

5.4 本章のまとめ

本章では，授業を客観的に評価するための指標として授業雰囲気に着目し，授業の客観的評価とその特徴の検討を行った。5.1節（研究4）では，授業雰囲気の構成要素を探索的に検討することから，SD法を用いた授業雰囲気評定を教師・児童ではない第三者に評定してもらうことによって行った。その結果，授業雰囲気と教師の教授行動に関連があることが明らかになった。5.2節（研究5）では，授業雰囲気尺度の作成を行った。また，教師の教授行動との関連の検討を行った。その結果，授業雰囲気は3因子構造であることが示唆された。また，作成された授業雰囲気尺度の妥当性も確認された。研究4の結果と同様，授業雰囲気と教師の教授行動が関連していることが明らかにされた。さらに，授業雰囲気の評価の際には，評価者の価値観の影響が大きい可能性も示唆された。5.3節（研究6）では，授業雰囲気尺度を用いた授業雰囲気の評定を現役の教師に実施し，現役の教師の授業雰囲気認知の特徴について検討を行った。その結果，授業雰囲気の認知に関して，学生の認知と比べて異なることが明らかになった。

本章の目的は授業という営みを，授業の構成員である教師と児童以外の第三者による評定によって明らかにすることであった。そのための指標として雰囲気を用いた。本章の各研究の結果より，第三者による授業雰囲気の評定がある

5.4 本章のまとめ

程度，可能であることが示された。また，授業の雰囲気は，教師の教授行動とも関連していることが明らかになった。従来，教師の教授行動が児童はもちろん，授業の進行にも影響を及ぼしているという報告は多くなされてきている。それが，第三者の客観的な評価によっても示されたといえる。また，本章で試みた第三者評価による授業雰囲気の測定は，授業評価に対する新たな視点を示すものでもある。従来，授業を評価するのは教師や専門の研究者であった。そのため，今まで一般の人が授業を評価する際の視点が明示されることはなかった。5.2節において作成した授業雰囲気尺度は，一般の人に授業を評価する際の視点を提供するものといえる。

5.1節のSD法による授業雰囲気の探索的な検討の結果，授業の雰囲気は「場を構成している構成員」「場を構成している構成員間の交渉」「場そのもの」の三段階として捉えることが可能であった。また，5.2節の授業雰囲気尺度は「統制」「自由・積極」「喧騒」の3因子で構成されており，これは「教師による雰囲気」「児童による雰囲気」「授業そのものの雰囲気」の三段階で捉えることが可能である。この結果より，授業とは，教師の活動，児童の活動それぞれの活動により形成される雰囲気と，その相互交渉により形成される授業それ自体の雰囲気があることが示唆される。これは，言い換えるならば授業を捉える際に，教師や児童の活動を個別に詳細に検討していく視点のみではなく，授業を鳥瞰的に眺める視点の重要性を示していると考えられる。

また，授業を客観的に評価することによって，教師の持つ授業認知と一般の人の授業認知との差異が明らかになった。教師の授業認知に関する研究は多くなされているが，一般の人との比較をした研究は今までなされていない。教師の授業認知の特徴を明らかにするためには，まず，一般の人とどこで異なるのかを明らかにする必要があるといえる。また，その差異を検討することにより，自らの授業を振り返る契機となることも期待される。

本章では，これまで述べてきたように授業を客観的に測定するための指標として，一斉授業の雰囲気について検討を行ってきた。しかし，その方法や解釈に関して，まだ，いくつかの問題や課題がある。本章で明らかとなった課題と問題点として，次の4点が挙げられる。

第一に評価者の問題がある。本章の各研究で評定者としたのは，学生204人

と現役の教師28人である。教師の人数を増やしさらに検討を深める必要性がある。また，評定者を拡げていく必要性もある。実際に授業を受けている児童や，実際に評価対象の授業を行っている教師に評定を行い，第三者が評定する場合との比較をすることによって，内部の視点と外部の視点がより明確になると考えられる。さらには，教職課程に在籍している学生や，実際に小学生の子を持つ保護者などにも評定対象を広げることにより，授業の認知の違いについてより深い考察を行うことが可能であると考えられる。

　第二に尺度のより詳細な検討が挙げられる。研究5（5.2節）により作成した授業雰囲気尺度の妥当性の検証はPALSの各下位尺度との関連を検討することにより，構成概念妥当性はある程度，確認された。また，研究6（5.3節）では，教師による授業評定結果で確認的因子分析を行った結果，3因子構造が支持された。さらには，授業雰囲気と教授行動との関連を分析するために行った重回帰分析の結果，学生評定の場合（5.2節）も教師評定の場合（5.3節）も，どのモデルにおいてもある程度高い決定係数（R^2）であった。これらの結果を総合的に判断すると，授業雰囲気尺度の一応の妥当性は確認されたと考えられる。今後，教科を拡げて調査を行ったり，学年や対象授業を変えて調査を行うなどして事例数を増やすことにより，より妥当性を高めていく必要があるといえる。

　第三に本章の各研究により明らかになった，教師や学生の授業認知の特徴やその差異に関するより詳細な検討を行うことである。学生の授業認知の特徴として，2クラスの授業雰囲気の評定の相関をとると，中程度の負の相関がみられた。しかし，教師に同様の検討を行ったところ，相関はみられなかった。このような認知の違いがなぜ生じたのか，本章の研究結果からでは明らかにされない。今後，授業評定を行った評定者を対象としたインタビューや評定者の教育観を測定する指標を用いることによって，授業認知がどのように形成されているのかを検討することが重要であると考えられる。

　第四に教授行動の測定の問題が挙げられる。本章の各研究結果より，授業雰囲気の形成に教師の教授行動が影響を与えている可能性が示唆された。しかし，教師の授業中の教授行動として用いた指標は実際に教師のそれぞれの行動について，その回数を計測しているものではない。本研究では教授行動の指標も，

第三者が客観的にみて評定できる質問紙を用いた。実際の授業場面においても児童は，教師の行動の回数を計測することによって印象をもったり，雰囲気を感じ取ったりするわけではない。その点で，各研究で用いた手法は，実際に授業を受ける児童に近い状況での教授行動の測定であるといえる。今後，授業場面における実際の教師の教授行動を実証的に検討し，授業雰囲気との関係を検討する必要があろう。

第6章
教師と児童の相互交渉の検討

　第4章で授業中の教師の行動を，第5章で授業という場を客観的に測定する手法として，授業雰囲気に焦点をあてて検討を行った。これらは，一斉授業を見る視点で考えるならば，それぞれミクロな視点とマクロな視点での検討といえる。

　しかし，授業の中では教師の行動や児童の行動が独立して存在しているわけではない。また，授業が教師や児童の行動と関係なく成立しているわけでもない。本書では，授業を教師と児童のコミュニケーションの連続体と捉える視点に立っている。そのような視点に立って授業という営みを記述するならば，教師と児童の相互交渉に関して記述する必要がある。

　授業中の教師と児童のコミュニケーションの特徴をMehan（1979）は，「教師の働きかけ（I）- 児童の応答（R）- 教師の評価（E）」構造であると指摘している。つまり，一斉授業の中では，まず，教師の児童への働きかけ（I）があり，その働きかけに応える形で児童の応答（R）があり，そして，その応答を評価する形で教師のフィードバック（E）がある。常に一対多の状況を強いられる一斉授業においては，このI-R-E構造が授業の中心をなしており，教師のフィードバックが児童に与える影響は非常に大きいと考えられる。

　そこで，本章では教師と児童の授業中の言語的相互交渉に着目し，教師と児童の相互交渉に関わる教師の行動を，数量的分析と事例の解釈的分析によってその特徴を明らかにした。

　第1節（6.1）では，I-R-E構造のIに着目し，授業中の言語的相互交渉のきっかけをなす，教師の児童への働きかけについて，その特徴を明らかにした。

　第2節（6.2）では，I-R-E構造のEに着目し，実際に教師は児童へどのようなフィードバックを行っているのかを，数量的分析（カテゴリー分析）を用

いて明らかにした。

第3節（6.3）では，I-R-E構造のRに着目し，授業中の児童の応答に焦点化して検討を試みた。児童の応答場面として特に，教師の児童へのフィードバック場面の中から，教師の力量が最も問われる場面（吉崎，1998）として，児童の予想外応答場面に着目した。そのような児童の予想外応答場面における教師の対応の特徴を，数量的分析を行うとともに，いくつかの事例をもとに解釈的分析によって明らかにした。

6.1 教師の「指示・確認」がもつ教授学的意味の検討（研究7）

■ 6.1.1 目　的

研究1（4.1節）において，教師の授業内発話の特徴として，「指示・確認」が非常に多いことが明らかになった。一番多いクラスで教師の全発話の約65％，一番少ないクラスにおいても約35％が「指示・確認」であった。そこで，本節では，一斉授業における教師の児童への働きかけが，教授行為としてどのような意味を有しているのかをカテゴリーによる数量的分析と発話事例の解釈的分析を行うことによって明らかにすることを目的とした。

その際，Bourdieu（1996）の指摘した教育的コミュニケーションにおける表現的機能と技術的機能の考え方を援用する。すなわち，教師の授業中における「児童への働きかけ」に内在する二面性を「表現的機能」と「技術的機能」の二つの次元からカテゴリーを設定し数量的に分析を行い，教師の働きかけに内在する表現的機能と技術的機能の関連を明らかにする。また，一斉授業において，一対多の授業展開を強いられる教師は，はじめからクラス全員に話しかけている（岡田，1998）という指摘がある。しかし，児童への働きかけという点を考えると，全体への働きかけと同時に，児童個人への働きかけがあることも当然，予想される。そこで，働きかけの「発話対象者」に関して，「全体」「個人」というカテゴリーを設定し表現的機能との関連について検討を行う。

なお，対象学級における当事者の名前は全て仮名を用いる。

■ 6.1.2 方　法

1. 対　象
　対象は，首都圏の公立小学校2年生の1学級（男子14名，女子16名）で，9月下旬に行われた国語科の5時間の授業（45分×5）である。授業単元は「あったらいいな，こんなもの」「漢字クイズ」であった。授業者は学級担任で，教職歴30年以上のベテランの50歳代女性である。担任の先生には，授業前に特別に意識することなく，普段どおりのカリキュラムで授業を進めてくださいとの旨を伝えた。授業のスタイルは両単元ともに，児童の発表が中心であった。

2. 手続き
　5時間の国語科の授業に対して，映像，音声，文字記録の採取を行った。映像記録は教室全体が写るように，教室の後方と前方2箇所に3台のビデオカメラを設置して録画し，同時に，教授者の声を逃さないよう，補助として音声録音も行った。また，筆者を含む3名の観察者により，教室の雰囲気や発話文脈の記録を書き込んだフィールドノートが作成された。これらの記録から，授業中の発話をもとにしたトランスクリプトを作成した。発話単位は，話者交代，発話中の間，発話の機能の変わり目を区切りとして設定した。

3. 分析方法
(1) 全発話のコーディング
　教師の全発話を，研究1で作成した発話カテゴリー（Table 4-3参照）に分類した。筆者を含む2名の評定者（もう1名は教育心理学を専攻している大学院生）による判定一致率は87.6%であった。判定が不一致であったものについては協議により決定した。

(2)「指示」カテゴリーの下位カテゴリー
　一斉授業における教師の児童への働きかけである「指示・確認」発話をさらに，「表現的機能」「技術的機能」「発話対象者」の3つの観点に絞り，下位カテゴリーを作成した（Figure 6-1）。なお，コーディングに際しては，全体発話の

コーディングと同様，筆者を含む2名の評定者により行われ，不一致であったものは協議により決定した。下位カテゴリーの詳細は下記の通りである。

①表現的機能　教師の発話そのものが有している機能である。その授業時の状況や文脈に依存し，教師が発話していることそのものに付与される意味付けである。児童と相互交渉を行いながら，授業を進めているとき，教師は主に3つの方略を用いていると考えられる。1つには，本時の課題を円滑に遂行させるための「進行」である。そして，2つには，教室内がざわついているときや注目を集めたいときなどの「統制」である。3つには，授業が「進行」している時や「統制」状態にあるときの緊張を和らげるための「緩和（中断）」である。教師は児童とのやりとりの中で，これら3つの意図を児童への働きかけの中に込めていることが推察出来る。これは換言すれば，教師の児童への指示に含まれるメタ情報とも捉えることが出来る。よって，本研究では，表現的機能として「進行」「統制」「緩和（中断）」の3つのカテゴリーを設定した。一致率は91.4%であった。

②技術的機能　教師の児童へ働きかける発話の内容における分類である。熊谷（1997）は会話分析におけるカテゴリー項目を，その発話内容をもとに整理している。その中で，発話によって遂行される行為として行為的機能を設定している。授業における教師から児童への「指示・確認」も，教師はその発話によって，児童に何かしらの行為を遂行させようとしていることは明らかである。そこで，熊谷（1997）の行為的機能の中から教授行動に適応される項目を抽出し修正を加えた。その結果，技術的機能として「情報要求」「注目要求」「行為要求」「確認要求」の4つのカテゴリーを設定した。一致率は89.7%であった。

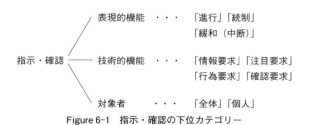

Figure 6-1　指示・確認の下位カテゴリー

③**発話対象者**　授業中における教師の「指示・確認」は，必ず対象をもった発話といえる。その「指示・確認」の内容を発話対象者に遂行させる発話であると考えられる。そこで，本研究では発話対象者として「全体」「個人」の2つのカテゴリーを設定した。なお，授業中の教師の発話には，複数の特定個人への発話ということも考えられる。本研究では，複数の特定個人への発話は「全体」への発話と考えてコーディングを行った。すなわち，「個人」とは，指示対象者が特定の一人の場合であり，「全体」は指示対象者が特定・不特定にかかわらず，複数の場合を表している。一致率は97.4%であった。

6.1.3　結　果

1. 発話の全体的特徴

対象授業5時間分の教師・児童の総発話数は2627回であり，その中で，教師の発話は1712回であった。教師の全発話をTable 4-3のカテゴリーに分類した（Table 6-1）。教師の総発話の中で「指示・確認」の回数は971回であった。教授関連発言の79.1%，教師の総発話の中でも55.1%を占めており，「指示・確認」は教師の運営・維持関連発言の下位カテゴリーの合計よりも多いという結果であった。以上のことより，教師は授業で，指示・確認を多用しているという研究1の結果を再確認するものであった。授業内において，「指示・確認」は教師-児童間での相互交渉の根幹をなすものだと推察された。

Table 6-1　教師発話カテゴリーに対する発話数

	教授関連			運営・維持関連					計
	説明	発問	指示・確認	復唱	感情受容	応答	注意	雑談	
1	183	73	971	130	248	35	33	39	1712
2	10.4%	4.1%	55.1%	7.4%	14.1%	2.0%	1.9%	2.2%	
3	14.9%	5.9%	79.1%	24.2%	46.1%	6.5%	6.1%	7.2%	

＊上段の数値（1）は，教師の発話実数
＊中段の数値（2）は，教師の全発話数に占める当該カテゴリーの割合
＊下段の数値（3）は，教授関連，運営・維持関連内に占める当該カテゴリーの割合

2. 指示・確認の下位カテゴリーの特徴

　教師の「指示・確認」カテゴリーの発話を，さらに表現的機能，技術的機能，発話対象者のそれぞれの下位カテゴリーに分類した（Table 6-2～ Table 6-4）。表現的機能に関しては，「進行」が多く全体の約70%をしめていた。「統制」と「緩和」には際立った差がみられなかった。「進行」が全体の約7割を占めていることより，授業を円滑に進めるためのストラテジーとして児童との相互交渉を行っていることが推察された。また，「統制」と「緩和」合わせて約3割あることより，児童への働きかけを行いながら，授業にメリハリをつけていると考えられる。技術的機能に関しては，「行為要求」と「情報要求」が多く，「注目要求」が少ないという結果であった。この結果より，教師は適宜，児童の行動や発言を引き出しながら授業を展開し，それらを引き出すような働きかけを児童に行っていることが窺える。発話対象者に関しては，「全体」「個人」において，際立った差はみられなかった。一斉授業においても，教師は児童の働きかけの半数以上を個人へ向けていることが推察できる。

Table 6-2　表現的機能カテゴリーの発話数

	進行	統制	緩和	
総数	674	185	112	971
割合	69.4%	19.1%	11.5%	100%

Table 6-3　技術的機能カテゴリーの発話数

	情報要求	注目要求	行為要求	確認要求	
総数	304	75	452	140	971
割合	31.3%	7.7%	46.5%	14.4%	100%

Table 6-4　発話対象者カテゴリーの発話数

	全体	個人	
総数	440	531	971
割合	45.3%	54.7%	100%

3. 表現的機能と技術的機能の関連

指示・確認の表現的機能と技術的機能との関連を検討した (Table 6-5)。表現的機能と技術的機能とのカテゴリー間に交互作用がみられた ($\chi^2=324.56$, $df=6$, $p<.01$)。

「進行」では，「情報要求」と「行為要求」が多く，また，注目要求は殆どみられなかった。教師は，児童との相互交渉を持ちながら授業を進行させていると考えられる。また，授業進行に際して，児童に注目を求める指示を行うことが少ないことから，教師は授業進行と児童の注意喚起を別のものと捉えていることが考えられる。

「統制」では，「行為要求」と「注目要求」が多くみられた。技術的機能に占める割合を検討すると，圧倒的に「注目要求」が多く，「情報要求」は殆どみられなかった。教師は授業の統制をはかる手段として，児童に何かしらの行動を要求するとともに，注意を喚起していることが分かる。児童への「注目要求」は教師の授業を統制する際の方略の一つになっていることが窺える。

Table 6-5 表現的機能と技術的機能の関連

			技術的機能				合計
			情報要求	注目要求	行為要求	確認要求	
表現的機能	進行	1	258 △	7 ▼	337 △	72 ▼	674
		2	(38.3)	(1.0)	(50.0)	(10.7)	(100.0)
		3	[84.9]	[9.3]	[74.6]	[51.4]	[69.4]
	統制	1	4 ▼	49 △	112 △	20	185
		2	(2.2)	(26.5)	(60.5)	(10.8)	(100.0)
		3	[1.3]	[65.3]	[24.8]	[14.3]	[19.1]
	緩和	1	42	19 △	3 ▼	48 △	112
		2	(37.5)	(17.0)	(2.7)	(42.9)	(100.0)
		3	[13.8]	[25.3]	[0.7]	[34.3]	[11.5]
合計			304	75	452	140	971
			(31.3)	(7.7)	(46.5)	(14.4)	(100.0)
			[100.0]	[100.0]	[100.0]	[100.0]	[100.0]

* 上段の数値（1）は，教師の発話実数
* 中段の数値（2）は，教師の「指示・確認」発話数に占める表現的機能の割合
* 下段の数値（3）は，教師の「指示・確認」発話数に占める技術的機能の割合
* △は残差分析の結果，他カテゴリーよりも1％水準で有意に多い項目
* ▼は残差分析の結果，他カテゴリーよりも1％水準で有意に少ない項目

「緩和」では,「確認要求」と「情報要求」が多く,「行為要求」は殆どみられなかった。児童に情報や確認を求めることにより,授業自体にメリハリをつけていると考えられる。児童に直接的な行動を求めるものでないことからも,教師が授業をコントロールする際の一つの方略であると考えられる。

以上のことから,教師は一斉授業において,児童との相互交渉をはかりながら,授業をコントロールしていることが考えられる。

4. 表現的機能と発話対象者の関連

次に指示・確認の表現的機能と発話対象者との関連を検討した(Table 6-6)。表現的機能と発話対象者とのカテゴリー間に交互作用がみられた($\chi^2 = 21.83$, $df = 2$, $p < .01$)。

「進行」「緩和」は,「全体」に対して向けられるよりも「個人」に対して向けられる方が多いが,「統制」は反対に「個人」に対して向けられるよりも,全体に対して向けられることが多いという結果であった。以上のことより,授業を

Table 6-6 表現的機能と発話対象者の関連

			対象		合計
			全体	個人	
表現的機能	進行	1	278 ▼	396 △	674
		2	(41.2)	(58.8)	(100.0)
		3	[64.6]	[74.6]	[69.4]
	統制	1	112 △	73 ▼	185
		2	(60.5)	(39.5)	(100.0)
		3	[26.2]	[13.7]	[19.1]
	緩和	1	50	62	112
		2	(44.6)	(55.4)	(100.0)
		3	[9.1]	[11.7]	[11.5]
合計			440	531	971
			(45.3)	(54.7)	(100.0)
			[100.0]	[100.0]	[100.0]

* 上段の数値(1)は,教師の発話実数
* 中段の数値(2)は,教師の「指示・確認」発話数に占める表現的機能の割合
* 下段の数値(3)は,教師の「指示・確認」発話数に占める発話対象者の割合
* △は残差分析の結果,他カテゴリーよりも1%水準で有意に多い項目
* ▼は残差分析の結果,他カテゴリーよりも1%水準で有意に少ない項目

6.1 教師の「指示・確認」がもつ教授学的意味の検討（研究7）　115

進行したり中断したりといったメリハリに関して，教師は児童個人との相互交渉を通じて実現していると考えられる。反対に，授業を統制する際には，個人よりも，全体に向けて働きかけを行うことで実現させようとしていることが推察される。以上の結果より，教師が授業において，全体，個人と相互交渉の相手を変えながら，授業の進行およびマネージメントを行っていると考えられる。

5. 授業中の教師の児童への働きかけの意味

次に，教師が実際の授業場面において，「指示・確認」をどのように用いて授業を進行しているのかを検討するため，その特徴を端的に表している事例の解釈的分析を行った。なお，以降の事例および事例解釈において「教師」とは，対象授業の授業者を指す。

〈事例1〉

事例1（Table 6-7）は授業の冒頭で，教師が本時の学習目標を児童に徹底している場面のプロトコルを示している。「勉強の目標は何ですか」（Ⅰ-1）という発問から始まっている。この教師の発問に対して，児童が口々に答えている（Ⅰ-2，4，5）。これらの児童の反応に対し，教師は正答のみを拾い，復唱をしているが，それでも，児童の反応が収束していない。ここで，「この続き言える人いるかね」（Ⅰ-6）と児童に向かってさらに問いかけることで，授業の進行を意図している。また，同時に私語をしている児童に対して，再度，授業に引き込む役割も担っていることが推察できる。このことは，何人かが挙手をしている中で再度，「言える人」（Ⅰ-8）と問いかけていることからもわかる。一度ざわついた教室を，教師の問いに答えることによって，全員を授業に集中させる教師の意図が感じられる。この教師の問いかけに対して，児童が答えた答え「考える」（Ⅰ-12）は，教師の意図した答えとは異なっていた（Ⅰ-16）。教師は，この意図せざる解答に対して，すぐに直接的な判断を下すのではなく，一旦，全体に対しての問いに展開した（Ⅰ-15）。この「じゃあ，みんなに聞いてみようか」という教師の言葉は，児童の発言の直後であるにもかかわらず，児童全体に対して向けられた発話である。これは，今までのやりとりが授業の〈進行〉を目的にしているのに対して，この発話は児童の〈注目〉を集めるために，

Table 6-7 〈事例1〉2時間目の授業冒頭のトランスクリプト

Ⅰ-1	T	勉強の目標はなんですか	Ⅰ-21	T	はい，それではモリヤさん。〈進行・情報要求・個人〉
Ⅰ-2	S	発表	Ⅰ-22	S	はい，ゆっくり話す。
Ⅰ-3	T	うん，発表の勉強だったねえ。	Ⅰ-23	T	ゆっくり話す。
Ⅰ-4	S	発表，発表	Ⅰ-24	T	みんな大事な事言ってくれてるけど
Ⅰ-5	S	＊＊＊（私語）	Ⅰ-25	T	はい，キタノ君〈進行・情報要求・個人〉
Ⅰ-6	T	この続き言える人いるかね。〈進行・情報要求・全体〉	Ⅰ-26	S	はっきりと話す。
Ⅰ-7	S	はい	Ⅰ-27	T	はっきりと話す。
Ⅰ-8	T	言える人。〈進行・情報要求・全体〉	Ⅰ-28	T	勉強の目標が分かってるね，ちゃんと。
Ⅰ-9	T	お，すごいなあ。	Ⅰ-29	T	はい，大きな柱は？
Ⅰ-10	T	じゃあ，はい。	Ⅰ-30	T	はい，カスヤさん。〈進行・情報要求・個人〉
Ⅰ-11	T	えーと，アリタさん。〈進行・情報要求・個人〉	Ⅰ-31	S	発表しよう。
Ⅰ-12	S	はい。考える。	Ⅰ-32	T	はい，大きな柱はこれでしたね。
Ⅰ-13	T	……。	Ⅰ-33	T	はい，読んでください。〈進行・行為要求・全体〉
Ⅰ-14	T	話し方を考える。	Ⅰ-34	T	はい，どうぞ。〈進行・行為要求・全体〉
Ⅰ-15	T	じゃあ皆に聞いてみようか。〈統制・注目要求・全体〉	Ⅰ-35	S	話し方を工夫して，発表しよう。
Ⅰ-16	T	ちょっと，違うかな。うん。	Ⅰ-36	T	それで，題が，あったら，なんですか。
Ⅰ-17	S	はい，コンノ君。〈進行・情報要求・個人〉	Ⅰ-37	S	いいな，こんなもの。
Ⅰ-18	T	話し方を工夫して，話す。	Ⅰ-38	T	だったんだね。
Ⅰ-19	T	話すか。	Ⅰ-39	T	これを二人で考えたんですよね。〈緩和・確認要求・全体〉
Ⅰ-20	T	ちょっと付け足しないかな〈進行・情報要求・全体〉			

注：トランスクリプト中のTは教師，Sは児童を表している。また，＊＊＊は聞き取り不能な発話である。強調されている発話は教師発話のコーディングの結果，「指示・確認」に弁別されたものである。その下の〈 〉内は，「指示・確認」カテゴリーの下位カテゴリーで，〈表現的機能／技術的機能／発話対象者〉を表している。以降の事例においても同様である。

児童に対しての〈統制〉を意図していることが窺える。これは，この部分が本時の学習内容を明らかにしているところであり，児童に対して徹底させることが重要だと考えている教師の考えがみてとれる。また，ここで注目を集めることにより，この後の教師と児童のやりとりの重要性を，児童に認識させることにもつながってくる。この後，教師の意図した答えが出てくるまで，この繰り返しがなされている（Ⅰ-19～Ⅰ-38）。学習目標に関して，児童から明確な答えが出てきたところで，教師は「だったんだよね」（Ⅰ-38）と児童の答えを受容し，「これを二人で考えたんですよね」（Ⅰ-39）という発話によって，今までのやりとりの確認を児童に対して行っていることが推察できる。また同時に児童との相互交渉を，授業を〈進行〉させるために行ってきたが，ここで一つの区切りをつけるために，やはり，児童との相互交渉の一つとして〈緩和〉を用いることで，児童に新たな展開が始まることを予期させているとも考えられる。

以上のことより，教師は指示・確認を行うことで，教室を統制することを意図しているといえる。また，指示を用いることによって，学習内容の確認を促している。このことにより，一方通行的な学習を防ぐだけではなく，児童たち本人に本時の学習目標を確認させる意図があることが推察される。同時に，正答が出るまで指示を繰り返すことにより，児童の発言に対する直接的な評価を回避することにもつながっていると考えられる。

〈事例2〉

事例2（Table 6-8）は授業の課題である児童による発表の手続きを明らかにしている場面のプロトコルを示している。発表を聞いた後にしなければいけないことを教師が児童に問いかけたのだが，教師の予想に反して，挙手が少なかった。そこで，「あっちは挙げてなくてもちょっと当てていいかなぁ？」（Ⅱ-1）という教師の児童への確認から始まっている。ここに，出来る限り多くの児童に授業へ参加してもらいたい教師の意図を推察できる。この発言は，授業の進行をいったん止め，あらためて児童の注目を教師に向けさせることにつながっている。そして，手を挙げていない子に指名する（Ⅱ-2）ことによって，児童全体の緊張感を持続させていることが推察できる。また，手を挙げていなかった児童が「忘れました」（Ⅱ-3）と答えたことに対して，その児童に確認，

Table 6-8 〈事例2〉 2時間目の授業中盤のトランスクリプト

Ⅱ-1	T	あっちは挙げてなくてもちょっと当てていいかなぁ？〈緩和・注目要求・全体〉	Ⅱ-23	S	はい。
Ⅱ-2	T	はい，佐藤さん。〈進行・情報要求・個人〉	Ⅱ-24	T	じゃ，下ろしてください。〈統制・行為要求・全体〉
Ⅱ-3	S	忘れました。	Ⅱ-25	S	う～。
Ⅱ-4	T	本当？〈進行・確認要求・個人〉	Ⅱ-26	T	じゃ，読める人。〈進行・情報要求・個人〉
Ⅱ-5	T	ほんとに忘れたの？〈進行・情報要求・個人〉	Ⅱ-27	S	はい。
Ⅱ-6	T	じゃ，また後で聴くね。〈統制・確認要求・個人〉	Ⅱ-28	S	はい。
Ⅱ-7	T	じゃ，誰にしようかな。〈緩和・注目要求・全体〉	Ⅱ-29	T	じゃ，下ろしてください。〈統制・行為要求・全体〉
Ⅱ-8	T	まさきさん。〈進行・情報要求・個人〉	Ⅱ-30	T	読めない人。〈進行・情報要求・全体〉
Ⅱ-9	S	はい，感想を言う。	Ⅱ-31	T	どっちかなぁ。〈緩和・注目要求・全体〉
Ⅱ-10	T	うん。はい，感想を言う。	Ⅱ-32	T	読めなくない？〈進行・情報要求・全体〉
Ⅱ-11	T	感想を言ってあげるんだね。	Ⅱ-33	T	本当？〈進行・情報要求・全体〉
Ⅱ-12	T	その前に，感想を言う前に。	Ⅱ-34	S	読める。
Ⅱ-13	T	思い出したでしょう。〈緩和・確認要求・全体〉	Ⅱ-35	T	おかしいな（笑）。〈進行・情報要求・全体〉
Ⅱ-14	T	あぁ，そうでしょう。〈緩和・確認要求・全体〉	Ⅱ-36	T	はい，読める人。〈進行・情報要求・全体〉
Ⅱ-15	T	はい，佐藤さん。〈進行・情報要求・個人〉	Ⅱ-37	S	はい。
Ⅱ-16	S	質問を言う。	Ⅱ-38	S	はい。
Ⅱ-17	T	そうだね，	Ⅱ-39	T	おかしいな…。
Ⅱ-18	T	質問を，質問をするってことね。	Ⅱ-40	T	…，石田くん。〈進行・行為要求・個人〉
Ⅱ-19	T	わからないところがあったら質問する，っていうことですね。	Ⅱ-41	S	はい。
Ⅱ-20	T	それでは誰かに読んで貰いましょう。〈進行・行為要求・全体〉	Ⅱ-42	T	石田君。〈進行・情報要求・個人〉
Ⅱ-21	T	すごく大事な事だから確認していこう。〈進行・行為要求・全体〉	Ⅱ-43	S	はい。
Ⅱ-22	T	誰か，読んでください。〈進行・行為要求・全体〉	Ⅱ-44	T	はい，どうぞ。〈進行・行為要求・個人〉

問いかけ（Ⅱ-5, 6）を行うことで授業への集中を促していることが推察できる。その後，教科書音読の指示で挙手を求めるが（Ⅱ-22），クラスの半数の児童しか手が挙がっていなかった。そのため，いったん挙手をしている児童の手を下ろさせ（Ⅱ-24），児童に様々な問いかけ（Ⅱ-30～Ⅱ-39）をしながら，手を挙げていない子にも授業への注意・関心を呼び起こしている。「読めない人？」（Ⅱ-30），「はい，読める人？」（Ⅱ-36）という問いかけは，〈全体〉に対して行われている。手を挙げていない児童に直接，挙手を促すのではなく，内容を変えながら全体に対して問いかけていくことで，教師の問いに児童が反応するように方向づけていることが窺える。また，Ⅱ-8～Ⅱ-19のやりとりの中で，〈事例1〉でも検討したように，児童の応答が教師の意図と異なるときに，全体へ問いかけることで，意図していた答えを導き出していることがみてとれる。

　以上のことより，教師は児童との相互交渉の中で，授業の進行をコントロールしているとともに，児童全体に対して強制的な意味合いをより深く浸透させていることが推察される。その方略として，特定個人への評価を全体への問いに変換していることが考えられる。また，指示・確認はその表現的な機能とともに，コンテクストの中で，教師の機能的な意味が付与されていることが推察できる。

〈事例3〉
　事例3（Table 6-9）は，全グループが発表した後に，一番発表の上手かったグループを教室全体で確認していくところのプロトコルを示している。発表が上手であるということは，本時の学習目標をしっかりと認識したうえで発表が行われているということでもある。発表の上手なグループを教師が一方的に児童に示してほめるのではなく，「どのグループだと思う」（Ⅲ-1）と児童全体に問いかけている。また，その際に，「この二つがしっかりできてたなぁという」（Ⅲ-2）という教師の発言にみられるように，評価する際の視点，換言すれば，本時の学習目標をあらためて，児童に再確認させている。そして，何人かの児童に当てることによって，一番発表の上手だったグループを児童の中から，選ばせている（Ⅲ-6～18）。その後，「先生といっしょだ」（Ⅲ-20）という発言により，教師も児童の選択に同意している。これらの相互交渉により，ほめられ

た児童にとっては，教師から一方的にほめられるよりも，より一層，ほめられるということに関して強化されている事が窺える。同時に，他児童にとっても，クラス内で認めてもらえるということが，今後の授業への取り組みへの動機づけになることが想像できる。また，これらの教師－児童の相互交渉過程は，授業が教師から児童への一方通行になるのを防ぐだけでなく，他児童の発表など，直接自分にかかわりのない場面においても，しっかりと授業に参加していなければいけない，という今後の統制的な機能をも果たしていることが推察される。小学2年生という学年的なことを考慮するならば，このような授業への取り組みに関わる教師の発言が非常に重要になってくることが予想される。

以上のことより，教師は児童との相互交渉の過程で，ほめる対象を明確にし

Table 6-9 〈事例3〉 4時間目の授業終盤のトランスクリプト

Ⅲ-1	T	どのグループだと思う？〈進行・情報要求・全体〉	Ⅲ-13	T	はい，君はだれだと思う？〈進行・情報要求・個人〉
Ⅲ-2	T	この二つがしっかりできてたなぁという。	Ⅲ-14	S	さとうさんとこんのくん。
Ⅲ-3	T	みんな，気づいた？〈進行・情報要求・全体〉	Ⅲ-15	S	さとうさんとこんのくん。
Ⅲ-4	T	誰だろうねぇ，〈緩和・確認要求・全体〉	Ⅲ-16	T	はい，はい，じゃぁ，まさきさん。〈進行・情報要求・個人〉
Ⅲ-5	T	ああ，じゃぁ，えーっときたのくんに聞いてみようか。〈緩和・注目要求・個人〉	Ⅲ-17	S	さとうさんとこんのくん。
Ⅲ-6	T	きたのくんは，どのグループだと思いますか。〈進行・情報要求・個人〉	Ⅲ-18	T	さとうさんとこんのくんだと思った人？〈進行・情報要求・全体〉
Ⅲ-7	T	たって下さい。〈統制・行為要求・個人〉	Ⅲ-19	S	はい。はい。
Ⅲ-8	S	さとうさん，※※※	Ⅲ-20	T	先生といっしょだ。
Ⅲ-9	T	ちゃんとしっかり言ってください。〈統制・行為要求・個人〉	Ⅲ-21	T	じゃぁ，二人代表でさ，やってもらおうか。〈進行・行為要求・個人〉
Ⅲ-10	S	さとうさんとこんのくん。	Ⅲ-22	T	いいですか。〈進行・確認要求・個人〉
Ⅲ-11	T	さとうさんとこんのくん。	Ⅲ-23	T	はい，みんな拍手。〈統制・行為要求・全体〉
Ⅲ-12	T	はい，他の人は？〈進行・情報要求・全体〉			

ている．ほめる対象を児童に確認させる過程において，本時の学習目標を児童に再認識させ，また，今後の授業への取り組みに対する動機づけを高めていることが推察される．この事例においても，教師の指示・確認における表現的機能とともに，そこに隠された教師の教授学的な意図をみることができる．

■6.1.4 考　　察

　本節では，一斉授業における教師の児童への働きかけが，教授行為としてどのような意味を有しているのかを明らかにするために，教師の児童への働きかけを表現的機能と技術的機能にわけて検討を行った．教師の授業中の全発話をカテゴリー分析した結果，教師は授業の中で，児童への働きかけである「指示・確認」を多用していた．授業内での教師発話の中心である「指示・確認」を，その発話のメタ機能（表現的機能）と内容（技術的機能）とにわけて，カテゴリー分析を行った結果，表現的機能の面では，2/3以上が「進行」であり，児童との相互交渉を行いながら，授業を進めていくことが示された．また，同時に，「統制」「緩和」も1/3弱あり，授業運営の一つとして，児童への働きかけを用いることも示唆された．技術的機能の面では，教師は授業のコンテクストに応じて，「指示・確認」の表現的機能と技術的機能を組み合わせて，児童の授業への取り組みに対する動機づけを高めたり，学習目標を再確認させたりしていた．教師は「指示・確認」を多用することにより，児童との相互交渉の中で，授業自体をコントロールし，また，教師の発言に強制的意味合いを付与していることが示された．具体的には，教師は「指示・確認」を児童に繰り返し行う中で，「児童への明確な評価」を避け，「児童への感情評価」をより効果的に行い，児童を授業の中へ引き込む方略を有していることが示唆された．以上より，授業中の教師の発話が，その発話内容とともに，教師が発話することの意味をも児童へ伝達していることが明らかになった．教師は児童へ働きかけを行いながら，「評価」を行ったり，「児童の感情を受容」したりしている．また，これは，同時に受け手である児童もそのメタ・メッセージを受け取り，教師の発話内容以上の状況的意味を受容していることが推察できる．

6.2 一斉授業における教師のフィードバックの現状（研究8）

■ 6.2.1 目　的

　本研究では，実際の一斉授業において，教師が児童に対して行っているフィードバックの現状を，明らかにすることを目的とした。その際に，フィードバックのモデルとして，原因帰属理論を用いて作成された高崎（2001）のカテゴリーを援用した。

■ 6.2.2 方　法

1．調査対象
　調査対象校は首都圏にある公立小学校の2年生2クラス，6年生2クラスの計4クラスである。対象授業は全てのクラス，国語科の授業で，4時間分の計16時間分を調査対象とした。授業者は全クラスともクラス担任であった。調査時期は7月～9月であった。

2．手続き
　対象授業において映像，音声の採取を行った。映像記録は教室全体が写るように，教室の後方と前方2箇所に3台のビデオカメラを設置して録画し，同時に，教授者の声を逃さないよう，補助として音声録音も行った。これらの記録から，授業中の発話をもとにしたトランスクリプトを作成した。その中から「教師の発問－児童の応答－教師の評価」という一連の流れを持つ場面を抽出した。また，教師の児童へのフィードバックは，成功場面と失敗場面でその用いられ方が異なることが報告されている（高崎，2001）。そのため，本研究では，児童の応答が教師の意図していたものであるならば成功場面，教師の意図と異なるものであるならば失敗場面としてそれぞれ場面ごとに分析を行った。

3．カテゴリー
　教師が児童に与えるフィードバックを，筆者を含む2名の評定者（もう1名

は教育心理学を専攻している大学院生）が独立に分類した。教師が児童に与えるフィードバックとして，高崎（2001）の作成したカテゴリーを援用し Table 6-10 の 8 種類のカテゴリーを設定した。この 8 カテゴリーは，フィードバックが含む情報により，「結果のみ」（1 カテゴリー）と「結果＋原因帰属」（4 カテゴリー），「結果＋評価者の感情や気持」（3 カテゴリー）の 3 つに大別される。一致率は 93.5％であった。

また，「結果のみ」のフィードバックは，そこに含まれる情報で考えると児童に対して「正否」を伝えるのみである。しかし，そのような単純なフィードバックであっても，その発話の仕方によって児童の受け取り方が異なってくることが予想される。第 2 章で検討したように，教師の情報の伝達方法によって，児童の受ける影響が変わってくると考えられる。そこで本研究では，「結果のみ」のカテゴリーを，正否情報の伝達の仕方という点に着目して，以下の 3 つの下位カテゴリーを設定した（Table 6-11）。一斉授業場面においては，一般的に，教師は児童の応答に対して直接に正しいか間違っているかの情報を伝達していると考えられる。これを「単純フィードバック」とした。また，藤江（2000）は教師の授業中の復唱が明確な評価の回避になっている場合があることを明ら

Table 6-10 言語的フィードバックカテゴリの内容（高崎，2001）

フィードバックの種類	含まれる情報	例（成功場面）	例（失敗場面）
結果フィードバック	結果	よくできたね	あまりできなかったね
努力フィードバック	結果＋努力帰属	よくできたね，頑張って勉強したんだね	あまりできなかったね，ちゃんと勉強しなかったんだね
能力フィードバック	結果＋能力帰属	よくできたね，頭がいいからだね	あまりできなかったね，勉強が苦手なんだね
課題フィードバック	結果＋課題帰属	よくできたね，問題がやさしかったんだね	あまりできなかったね，問題が難しかったんだね
運フィードバック	結果＋運帰属	よくできたね，運がよかったんだね	あまりできなかったね，運が悪かったんだね
感情フィードバック	結果＋感情	よくできたね，先生は嬉しいよ	あまりできなかったね，先生は悲しいなあ
期待フィードバック	結果＋期待	よくできたね，もっとできるようになると思うよ	あまりできなかったね，もっとできるようなると思うよ
信頼フィードバック	結果＋信頼	よくできたね，やればできると思っていたよ	あまりできなかったね，やればできると思っていたんだけどな

かにした。一連の授業の文脈の中で，教師の復唱が応答の正否を伝達している場合もあるため，これを「復唱フィードバック」とした。さらに，一斉授業においては，テストや成績の返却時と違い，常に教師は一対多の状況を強いられる。そのため，児童の応答に対する評価を教師が直接行わず，応答の正否を他児童へ委ねる形で質問を繰り返す場合がある。前節（研究7）でも明らかなように，教師は一斉授業の中で，他児童への指示を繰り返すことによって，明確な評価を回避する場合もある。これを「中立フィードバック」とした。一致率は95.7%であった。

■ 6.2.3 結　果

1．教師の児童へのフィードバック

　教師の児童へのフィードバック場面は，対象授業中401場面みられた。学年ごとに教師の児童へのフィードバックを，成功場面・失敗場面に分けて分類した（Table 6-12）。教師は，学年・成功失敗場面にかかわらず，殆どのフィードバック場面で「結果フィードバック」を用いていた。特に，失敗場面におけるフィードバックは全て「結果フィードバック」であった。成功場面においては「結果フィードバック」のほかに，2年生において「努力フィードバック」と「感情フィードバック」が用いられ，6年生においては「感情フィードバック」が用いられていた。学年が低い2年生においては，数は少ないものの，結果を伝える際に教師個人の感想とともにフィードバックを与える場面がみられた。しかし，6年生になると，そのような場面も殆どみられなくなった。フィードバック場面において「結果フィードバック」が圧倒的に多く，「結果＋原因帰

Table 6-11　結果フィードバックの下位カテゴリの内容

	定義
単純フィードバック	児童の応答に対して「はい」「そうですね」など正否情報のみのフィードバック
復唱フィードバック	児童の応答に対してそのまま繰り返すことで正否情報を伝達しているフィードバック
中立フィードバック	児童の応答に対して肯定否定を明言せずに，中立的な立場をとり，他児童にたいして正否を問いかけたりしたのち，改めて正否情報を伝達するフィードバック

属」カテゴリが殆どみられない理由として，いくつかの要因が考えられる。その1つとして時間の問題が挙げられる。教師は45分という限られた時間の中で，本時の目標を遂行しなければならない。そのような状況で，児童一人ひとりに適ったフィードバックをするのは非常に困難であることが予想される。また，高学年になるにつれ，学習課題の難易度もあがり，児童から様々な応答が出てくる中で，それぞれの応答内容にあったフィードバックを返すのは，限られた時間の中では難しいと考えられる。そのため，正否情報のみを伝えて授業を進行させていると推察される。また，失敗場面において，「結果フィードバック」のみが用いられていたということも，時間的な制約によるところが大きいと考えられる。失敗時には成功時に比べて，児童への配慮の必要性があると考えられる。しかし，失敗時にその都度，個別に対応していると，授業の進行が妨げられる可能性がある。また，児童にとっての失敗場面は教師側から考えれば，予想外応答である場合が多い。換言するならば，教師のシナリオから逸脱しかかっている状況とも考えられる。そのため，教師は正否情報のみを伝えるという方略をとり授業を進行させていると考えられる。

もう1つの理由として平等という観点からの要因が挙げられる。小学校の一クラスには30人〜40人の児童が在籍している。本研究の調査クラスでも，一クラス平均31人であった。しかし，45分の授業の中で，クラス全員が発言するということは殆どない。また，学年があがるにつれて，授業内で発言する児童も限られてくることが予想される。そのような状況の中で，発言した児童の

Table 6-12 学年・成功，失敗場面別，言語的フィードバック

	成功		失敗	
	2年生	6年生	2年生	6年生
結果	149	177	31	15
努力	6	0	0	0
能力	0	0	0	0
課題	0	0	0	0
運	0	0	0	0
感情	18	5	0	0
期待	0	0	0	0
信頼	0	0	0	0

みに，動機づけを含むようなフィードバックを返すことは，ますます，発言する児童と発言しない児童との学習意欲の差を増すことが推察される。そのため，児童の応答に対して，正否情報のみを含む「結果フィードバック」が多用されているという結果になったと推察される。

2. 結果フィードバックの下位カテゴリ

1で検討したように，実際の授業の中での教師の児童へのフィードバックの大部分は「結果フィードバック」であった。これは，限られた時間の中で円滑に授業を遂行するために用いられている教師の授業方略の一つであると考えられる。そのため，一斉授業においては結果の伝え方が重要になってくるといえる。次に「結果フィードバック」をその正否情報の伝え方という観点から，学年ごとに成功・失敗場面に分けて検討した（Table 6-13）。成功場面においては，学年と正否の伝え方に関して交互作用がみられた（$\chi^2 = 27.99$, $df = 2$, $p < .001$）。2年生より6年生の教師のほうが，児童の応答を教師が復唱することにより正答の意思表示としている場面が多く，反対に6年生よりも2年生の教師のほうが，正否の判断を他児童に問いかけてそのあとに教師が正否判断するという場面が多くみられた。また，単純な正否情報の伝達に関しては，大きな差がみられなかった。失敗場面においては，直接確率計算を行ったところ学年と正否の伝え方に関して交互作用はみられなかった（$p = .65$）。以上の結果より，教師は単純な「結果フィードバック」を行っている場面においても，その正否情報を伝える際に，一斉授業という特徴を活かした方略を用いていることが明らかになった。

Table 6-13　学年，場面別の結果フィードバックの下位カテゴリ

	成功		失敗	
	2年生	6年生	2年生	6年生
単純	64（42.95%）	72（40.68%）	17（54.84%）	6（40.0%）
復唱	59（39.60%）	102（57.63%）	7（22.58%）	5（33.33%）
中立	26（17.45%）	3（1.70%）	7（22.58%）	4（26.67%）
交互作用	$\chi^2 = 27.99$, $df = 2$, $p < .001$		n.s.	

■ 6.2.4 考　　察

　本研究では，一斉授業において，教師が児童の応答に対して行う言語的フィードバックの実態を明らかにした。その結果，言語的フィードバックはその殆どが，「結果」のみの伝達であった。確かに先行研究においては，教師の言語的フィードバックが児童の学習意欲に影響を及ぼしているという知見が得られているが，実際の様々な制約のある一斉授業において，教師がそれらのフィードバックを用いるのは非常に困難であることが示唆された。しかし，結果をフィードバックする際に，教師は状況に応じて，そのフィードバックの仕方を変えていることも示唆された。直接，教師が結果の正否を伝える場面もあれば，他児童にその正否を委ねるような場面もあった。これらは，限られた時間の中で，児童の感情を配慮して教師がその伝達方法を変えていると考えられ，一斉授業を行う際の教師のもつ教授方略の一つであると推察できる。

　実際の授業場面においては，教師は「時間的制約」や「多人数一斉授業」という様々な制限の中で授業を遂行している。教師は児童と一対一で向き合っていても，常に同時にクラス全員の児童と向き合っているといえる。このような特殊な状況下において，個にあった働きかけを行うことは非常に困難であると思われる。児童への動機づけという観点から言語的フィードバックを考えた場合，その効果を実証するには，現実場面での検討が必要であると考えられる。現実場面での様々な制約を考慮せずに，質問紙法や実験室的環境のみで考察を行うならば，結果やそこから導き出される理論が机上の空論になってしまう危険性も考えられる。実際の教室場面での教師の直面している状況を踏まえた上で，教師の複雑な営みの一つとして児童への働きかけを考えていく必要があるといえる。

6.3　児童の予想外応答場面における教師の対応の検討（研究9）

■ 6.3.1 目　　的

　前節（研究8）で，授業中における教師の児童への言語的フィードバックの

詳細を検討したところ，多様性の少ないことが明らかにされた。一斉授業の中では，教師は様々な制約があるため，児童の感情を配慮するようなフィードバックが少なく，結果のみのフィードバックがその中心になることが示唆された。しかし，そのような状況の中でも，フィードバックのやり方に工夫を凝らし，児童への感情に配慮している可能性も示唆された。

そこで本研究では，教師の児童へのフィードバックの中から，児童の予想外応答場面を取り出し，児童へのフィードバックの特徴について，より詳細に検討することを目的とした。

予想外応答場面に焦点を絞った理由には，以下のことが挙げられる。第一には，教師のフィードバックが児童の心理面に影響を及ぼしていることは従来指摘されているが，特に，教師の意図している応答と異なる応答をしたときに，そのフィードバックがより児童の心理面に影響を及ぼすことが予想されるからである。第二には，教師自らが意図していない応答を児童がした場合に，どのように対応するかで教師の実践的力量が問われる（吉崎，1988）という指摘を考慮したからである。

本研究では，具体的に以下のことを明らかにした。一斉授業における教師と児童の相互交渉の中から，「教師の児童への働きかけ－児童の応答－教師の対応行動」という一連の流れを持つ場面を抽出し，その中から，児童の応答が教師の意図したものでない場面に限定して検討を行った。児童の予想外応答場面における教師の対応カテゴリーを作成し，定量的な分析を試みるとともに，いくつかの特徴的な事例を解釈的に分析し，児童の予想外応答場面における教師の対応行動の特徴について検討を行った。

■ 6.3.2 方　　法

1. 分析対象と手続き

分析の対象となったのは，首都圏の公立小学校である。分析対象とした授業は1年から6年各学年2クラスずつの国語科の授業である（2クラスは各学年，便宜上A組，B組とする）。授業時数はクラスにより異なり，1～6年の各学年2名，計12人の教師による3～6回の授業，計54授業を対象とした。調査は7月の上旬～9月の下旬にかけて夏休みを挟んで行われた。授業者は全授

業とも学級担任であった。

　授業の様子は，教室の前方と後方に設置されたビデオカメラによって録画され，また発話記録も録音された。それらのデジタルデータをもとに，トランスクリプトを作成した。

2. 予想外応答場面の抽出

　予想外応答場面の抽出にあたっては，授業の中の「教師の働きかけ-児童の応答-教師の対応行動」からなる一連の流れをもつ部分を1場面としてそれぞれの授業を区分していき，その上で，区分された場面の中から予想外応答場面の選定を行った。

　予想外応答場面の選定に際して，「児童の予想外応答」に対する基準を明確にする必要がある。本研究では，吉崎（1988：1998）の意思決定モデルにおいて指摘されている「ズレ」の考えを手がかりに樋口（1995）がまとめた予想外応答の分析カテゴリーを参考にした。予想外応答はまず，教師の発問に対して児童の応答がある場合と，応答がない，あるいは「わからない」と答えることで予想外となる場合の二つに分けられる。また，応答ありの場合に，応答があってもそれが教師の発問意図と異なる場合や，発問内容に全く関係のないために予想外となる場合もある。樋口はここで児童の応答ありの場合のカテゴリー設定を，教師の学習指導案および刺激回想における予想水準を基準として行っているが，本研究では教師の対応行動の意思決定にまで言及しないので，実際の授業記録の文脈から判断した。

　以上をまとめると，児童の予想外応答場面の選定基準は以下のようにまとめられる。選定にあたって，次の三つの基準のいずれかに当てはまるものを予想外応答場面とした。

（1）教師の発問に対する児童の応答のうち，その応答が教師の意図と違ったり，教師の求めたものに不十分だったりした場面
（2）教師の発問に対して，児童が何も応答しない，または「わからない」と答えた場面
（3）教師の発問に対して，発問内容に全く関係のない応答が児童から返っ

てきた場面

予想外応答場面の選定にあたっては筆者を含む2名によって，全授業のトランスクリプトの中から，協議によって選定した。

3. 分析カテゴリーの設定

児童の予想外応答場面に対する教師の対応行動についてのカテゴリーを作成した。従来の予想外応答場面の研究や教師の教授行動に関するカテゴリーでは，教師の意思決定が教師の行動に影響を及ぼすという観点で作成されていた。言い換えれば，教師の立場に立った視点によるカテゴリーといえる。

しかし，本書の課題の一つに教師の行動が児童に影響を及ぼすという視点がある。そのような視点に立って，カテゴリーを作成していく必要がある。そこで，本研究では，教師の対応行動を対象である児童の視点に立って作成した。すなわち，教師の行動が児童に与える影響による分類を行った。

教師の児童への対応行動として，児童にとってプラスに作用すると考えられる行動，児童にとってマイナスに作用すると考えられる行動，そのどちらでもない行動が考えられる。これらをそれぞれ「①正のフィードバック」「②負のフィードバック」「③機械的フィードバック」とした（定義は Table 6-14 参照）。誤りの指摘や答えの修正は，その内容が否定的であっても，児童にとって必要なことであり，有用性のあるものであると考えられるので「①正のフィードバック」に分類した。また，児童に対してフィードバックなしに次の場面に進んだ場合，それは児童の応答に対して拒絶的な対応行動と受け取れるため，「②負のフィードバック」に分類した。また，教師の児童へのフィードバックは直接，その発言内容に対してのコメントや追求という形をとっているわけではない。藤江（2000）は教師の児童への復唱の際のイントネーションによって，正誤の判定をフィードバックしている可能性を示唆している。更には，教師の児童へのフィードバックは，必ずしも発言した児童に対して行われるものとは限らない。研究7で明らかなように，他児童へ質問を繰り返すことで，当該児童へのフィードバックになっているということもある。また，全体へ問いかけを変えることによって，フィードバックとしていることも考えられる。これらの

6.3 児童の予想外応答場面における教師の対応の検討（研究9）　　131

Table 6-14　教師の対応行動カテゴリー

カテゴリー	定義
①正のフィードバック	児童にプラスの影響を与えるフィードバック 確認（正誤の判定），補足，修正（意見をまとめる），同意，追求
②負のフィードバック	児童にマイナスの影響を与えるフィードバック 進行（無視），否定，拒否
③機械的フィードバック	教師の教授方略の一つとして考えられるフィードバック 発問の言い換え，単純な復唱，他児童への指示

教師から児童へのフィードバックは，児童にとって正とも負とも考えられないフィードバックであることから，「③機械的フィードバック」とした。

■ 6.3.3　結　果

1. 予想外応答場面における教師の対応行動の数量的検討

1～6学年までの全54授業のトランスクリプトから，「教師の働きかけ－児童の応答－教師の対応行動」の流れを持つ場面を取り出し，その中から児童の予想外応答場面を抽出した（Table 6-15）。「教師の働きかけ－児童の応答－教師の対応行動」という一連の流れを持つ場面は対象授業中399場面みられ，そのうち予想外応答場面は90場面であった。学年と応答場面との関連を検討するために学年（6）と応答場面（2：予想内，予想外）で χ^2 検定を行った。その結果，学年と応答場面との間には有意な関連はみられなかった（$\chi^2=7.68$, $df=5$, n.s.）。授業内での予想内応答，予想外応答の違いに関しては，児童の学年差は影響を及ぼしていないということが明らかになった。児童の予想外応答場面は，学年差に関係なくある程度，均等に現出することが示唆された。

Table 6-15　学年ごとの応答場面数

学年	1	2	3	4	5	6	合計
総場面数	56	91	89	41	83	39	399
予想内応答場面	40	74	62	35	65	33	309
予想外応答場面	16	17	27	6	18	6	90
出現比率（％）	28.6	18.7	30.3	14.6	21.7	15.4	22.6

＊総場面数とは授業内の「教師の働きかけ－児童の応答－教師の行動」
　からなる一連の場面の総数である
＊出現比率は，総場面数に含まれる児童の予想外応答場面の比率である

次に予想外応答場面における教師の対応行動について検討を行った。全予想外応答場面（90場面）における教師の対応行動を，筆者を含む2名の評価者（もう1名は教育心理学を専攻している大学院生）がTable 6-14のカテゴリーをもとに，コーディングを行った。2名の評定者による判定一致率は96.7%であった。判定が不一致であった場面の対応行動については協議により決定した。分類の結果を，全学年のカテゴリー別に示したものがTable 6-16に，学年ごとのカテゴリー別に集計したものをTable 6-17に示した。

学年と教師のフィードバックの種別との関連を検討するために，学年（6）×フィードバック種別（3）でχ^2検定を行った。χ^2検定の結果，学年と教師のフィードバックの種別の間には有意な関連はみられなかった（$\chi^2 = 12.67$, $df = 10$, n.s.）。また，Table 6-17は期待値が1未満のセルがあるため，同時に直接確率法も行ったが，χ^2検定と同様の結果であった（$p = .238$）。以上の結果より，児童の学年の違いが児童の予想外応答場面における教師のフィードバックの差異に影響を及ぼしていないということが明らかになった。

予想外応答場面の教師の対応行動の全体的な特徴として，Table 6-16より以

Table 6-16　カテゴリー別，教師の対応行動（全学年）

応答カテゴリ	①正のフィードバック	②負のフィードバック	③機械的フィードバック
該当数	52	13	25
割合（%）	57.8	14.4	27.8

Table 6-17　学年別，カテゴリー別，教師の対応行動

学年	1年（16場面）			2年（17場面）			3年（27場面）		
応答カテゴリ	①	②	③	①	②	③	①	②	③
該当数	8	5	3	8	2	7	16	5	6
割合（%）	50	31.25	18.75	47.1	11.8	41.2	59.3	18.5	22.2
学年	4年（6場面）			5年（18場面）			6年（6場面）		
応答カテゴリ	①	②	③	①	②	③	①	②	③
該当数	5	0	1	13	0	5	2	1	3
割合（%）	83.3	0	16.7	72.2	0	27.8	33.3	16.7	50.0

＊学年横の場面数は，当該学年の授業の中における児童の予想外応答場面の数である
＊表中の①は「正のフィードバック」，②は「負のフィードバック」，③は「機械的フィードバック」を表している

6.3 児童の予想外応答場面における教師の対応の検討（研究９）

下のことが指摘出来る。児童の予想外応答に対する教師の対応行動としては「①正のフィードバック」が一番多い（$\chi^2=26.60$, $df=2$, $p<.01$）。教師は児童の応答に対して「確認」や「修正」「補足」を行って児童の意見をうまくまとめたり，「追求」を繰り返すことによって教師の求める応答に近づけようとすることが授業内で多くみられるということである。また，「③機械的フィードバック」の一つである「発問の言い換え」を行うことによって，児童が自ら考える糸口を見出せるよう，また児童が応答しやすいように導く場面もいくつか見受けられた。しかし Table6-17 より，「②負のフィードバック」も数は少ないが存在することが明らかである。児童が教師の発問内容と関係ないことを口にした場合に「否定」したり，意図的に「進行（無視）」したりするだけでなく，中には児童の意見の内容を「否定」したり，児童の応答そのものを「拒否」したりする場面も見受けられた。

このように学年全体では，「①正のフィードバック」が多かったが，Table 6-17 より明らかなように，学年ごとに検討していくと，どの学年においても，必ずしも「①正のフィードバック」が多いというわけではない（各学年の適合度検定結果：1年：$\chi^2=2.37$, $df=2$, n.s.；2年：$\chi^2=3.64$, $df=2$, n.s.；3年：$\chi^2=8.22$, $df=2$, $p<.05$；4年：$\chi^2=2.66$, $df=1$, n.s.；5年：$\chi^2=3.56$, $df=1$, n.s.；6年：$\chi^2=1.00$, $df=2$, n.s.）。適合性の検定の結果を合わせて検討すると，1年，6年では，「②負のフィードバック」が他のフィードバックよりも特別に少ないというわけではない。また，3年においても，「①正のフィードバック」と比べると確かに数は少ないが，「②負のフィードバック」が5回あるということも事実である。

本研究で定義した「②負のフィードバック」は，児童の反応に対する教師の無視や拒否，否定などの行動である。これらの言動は，児童の心理面にも大きな影響を及ぼすことが予想される。確かに，これまで検討してきたように，この「②負のフィードバック」は決して多いものではない。カテゴリー分析等の定量的な分析においては，取捨てられる情報であることも想像される。しかし，先述したとおり，数は少ないが，そのような対応を取る場面がみられたという事実が，教育場面では重要になると考えられる。

2. 児童の予想外応答場面における教師の対応に関する事例解釈

次に，授業中の予想外応答場面の教師の対応行動ごとに代表的な事例を取り上げ，児童の予想外応答に対して教師がどのような対応行動をとったのかを検討した。①～③の各フィードバックが行われた場面を4場面，取り上げた。具体的には，授業場面で多くみられている教師の「①正のフィードバック」「③機械的フィードバック」をそれぞれ1場面，数は多くはみられないが，児童への心理面への影響を考慮に入れるならば，非常に重要だと考えられる「②負のフィードバック」を2場面取り上げた。

〈事例1〉 2年生「サンゴの海の生き物たち」

Table 6-18は，2年生の「サンゴの海の生き物たち」の授業におけるスクリプトである。教科書を音読するにあたって，段落の見分け方について教師が児童に質問している場面である。児童からなかなか意図した回答が出ず，教師が追求している。ここの場面では，教師は段落が変わると行の最初の文字が一文字下がるという，具体的な段落の見分け方を答えさせたい。まず児童Aから「行の違い」という回答が出るものの，これではまだ段落の具体的な見分け方が示されておらず，教師の求める回答に十分ではない（No.2～No.5）。そこで教師はNo.6の発言で，この児童の回答に対して「ここまではいいな」という確認のフィードバックを行った後，さらに「行の，何だろう？」と追求する。その教師のさらなる問いかけに対して，児童Aは「違い」と回答する（No.7）。しかし，これも教師の意図する回答ではなかった。教師は意図している回答ではないことを「違い？」と児童Aの回答を，語尾を上げて反復することで示している（No.8）。これは，教師の機械的フィードバックと考えられる。この反復という機械的フィードバックは，児童も察知し，児童Bに発言権が移る。児童Bは「高さ」という回答を出す（No.9）のだが，高さの具体性を追求するために，教師はNo.10の発言で，さらに深く問いかける。それを受けて児童Cが「行が変わるときに」と新たな情報を加えて応える（No.11）のだが，それでもまだ，教師は具体性が伴っていないと考え，さらに児童Cに問いかけなおしている（No.12）。この教師のさらなる追求を受けて，児童Cは行の前後の変化に注意が向けられ（No.13），児童Cの考えをまとめるように，教師も児童Cに対

6.3 児童の予想外応答場面における教師の対応の検討（研究9）

Table 6-18　2年生（A組）「サンゴの海の生き物たち」

No.	発話者	発話
1	T	段落の目印は何が目印でしたか？ 段落を見分けるには？ （教師が児童全体を見渡し，挙手している児童を確認している） はい，えーじゃ，Aさん。
2	S (A)	※
3	T	はい，聞こえました？ 聞こえない？ もうちょっと大きな声で，はい。 　　　　　　　　：
4	T	行の？
5	S (A)	違いだって。
6	T	行の違い？ うん．行の……ここまでいいな。　　→正のフィードバック（確認・追求） はい，じゃあ座っていいですよ。 行の，何だろう？
7	S (A)	違い。
8	T	違い？　　　　　　　　　　　　　　　　→機械的フィードバック（反復） はい，じゃあBちゃん。
9	S (B)	行の高さが違う。
10	T	高さが違う。 もうちょっと詳しく説明すると……。　　　→正のフィードバック（追求） はい，じゃあC君。
11	S (C)	はい，文が変わるときに，あれ，行の高さも変わる。
12	T	うん，段落が変わるときに，行の高さが変わる。 どういう風に変わるの？ 　　　　　　　　　　　　　　　　　　　　→正のフィードバック（追求）
13	S (C)	あれ，最初，最初は……。
14	T	うん，最初が……。
15	S (C)	最初から高いと変だから最初が低くて……。
16	T	どのくらい低いの？最初。 　　　　　　　　　　　　　　　　　　　　→正のフィードバック（補足）
17	S (C)	あれ，一文字。
18	T	そうだね。 一マスね，下がってるよね。 これが見分けるコツだよね。 最初に一マス下がる。 ね，これが段落の見分け方。

＊スクリプト中のTは教師の発話をSは児童の発話を表している
＊児童は発話者によってA，B，C……とアルファベットによって区別している
＊同一アルファベットは同一の児童を指している
＊アルファベットのないSは複数児童の発言，または，特定できない児童の発言を表している
＊予想外応答場面が見られたところでは，右下に太字でカテゴリーを記述している
＊No.は話者交代ごとに，ナンバリングされている
＊「:」は，一定時間（5秒）以上の教室内のざわめきがあったことを示している
＊「※」は聞き取れない（文字化不可能）な発言を示している
＊以降のスクリプトでも，上記の記号および規則は全て同一である

して正のフィードバックを返している（No. 14）。このような教師と児童の相互交渉のすえに，一文字下がるという具体的な回答が返ってきた（No. 17）。ここで，教師の意図した通りの答えにたどり着いたことにより，No. 18で教師はいったんまとめる発言をして，この場面は終わる。

〈事例2〉 5年生「わらぐつの中の神様」

　もう一つ同様な事例の検討を行っていく。Table 6-19は，5年生の「わらぐつの中の神様」の授業におけるスクリプトである。読解の授業で，登場人物であるおみつさんが家に帰って何をやったかということを児童にたずねる場面である。おみつさんがしたことについて，児童Jからいったん回答が出た（No. 2）ものの，教師の意図した回答ではなかった。そのため教師はさらに「その次，何しただろ？」と追求する（No. 3）。しかし，返ってきた児童の回答

Table 6-19　〈事例2〉 5年生「わらぐつの中の神様」

No.	発話者	発話
1	T	では，最初におみつさんがしたこと。 家に帰ってしたことは何でしょう。 　： Jさん。
2	S（J）	お父さんとお母さんに雪下駄のことを頼んだ。
3	T	頼んだ。 その次したこと。 その次何しただろ？ 　　　　　　　　　　　　→正のフィードバック（追求） お，すごい，K君。
4	S（K）	わらぐつを編んだ。
5	T	わらぐつを編んだよね。 その前にしたことない？ じゃあヒント。 今，大事な文のところなんだけどね。 主語，述語，修飾語の勉強したよね？ 言葉のところで。 述語っていうのが，何々をしたっていうのが多いよね？いい？ 「おみつさんはどうしたか」の，この「どうしたか」のところをみつけてごらん。 わらぐつ作りを始めました，の前にないでしょうかね？ 　　　　　　　　　→機械的フィードバック（発問の言い換え）

6.3 児童の予想外応答場面における教師の対応の検討（研究9） 137

「わらぐつを編んだ」は教師が期待した回答ではなかった（No.4）。そこで教師は，いったん，児童の発言を復唱したあと，以前勉強した単元をもち出してヒントを与え，さらに質問の仕方を変えることで児童に再度考える機会を与え，教師の意図する回答を導き出そうとしている（No.5）。この事例は，教師の求めている答えが出てこない場合に，直接，当該児童にフィードバックを返さずに，全体に対して，再度，発問を繰り返すというような機械的フィードバックの例と考えられる。

この〈事例1〉〈事例2〉は，小学校における一斉授業でよくみられる代表的な事例であるといえる。児童がはじめから教師の意図した答えを出すことは少なく，教師は適宜，正誤の判定や補足，修正などの正のフィードバックを児童に投げかけ，さらには，児童の発言を反復しながら正誤の意思表示をしたり，発問を別の形で言い換えるなどの機械的フィードバックを行いながら，意図する回答を導き出していると考えられる。

〈事例3〉 3年生「三年峠」

Table 6-20 は，3年生の「三年峠」の授業におけるスクリプトである。教科書に掲載されている「三年峠」の読解の授業の4回目である。授業の中で，予め意図せずに教師が標題の「峠」について児童に質問している場面である（No.1）。児童の「知らない」という発言（No.2）を受けて，教師は「わかんなくって読んでいたんだ」という発言（No.3）をする。この発言から「峠」という意味を児童が知らなかったという事実に対する教師の驚きが読み取れ，当初，予定していた内容の質問ではないことが窺える。このことはその後の「本当は次に進もうと思ったのに」（No.5）という教師発言からも推察できる。また，このNo.5の発言から，教師が早く次の展開に進みたがっていることも読み取れる。さらに，児童が「峠」という言葉を知らなかったことは，教師にとって本当に予想外のことであったことが，その後，再び繰り返される「みんな峠って知らないで読んでいたんだ」（No.7）という発言より明らかである。まず，児童Bが「山みたいなもの」（No.8）というイメージを答える。しかし，これは，当然教師の意図したものではない。「山か」と児童Bの発言内容を復唱した後，別の児童（C）に問いかけなおすという機械的フィードバックを行って

Table 6-20 〈事例3〉3年生「三年峠」

No.	発話者	発話
1	T	みんなに聞きますが峠ってわかる？
2	S	知らない。
3	T	知らない，そっかぁ。 峠ってわかんなくって読んでたんだ。 峠って意味知ってる人いる？ 峠って何？ A君。
4	S（A）	※
5	T	ほんとは次に進もうと思ったのに。 まぁ子供ってこんなもんでしょ。 はいどうぞ。
6	S（A）	なんて言えばいいんだろう。
7	T	うん，なんて言えばいいんだろう。 いや，みんな峠って知らないで読んでたの。
8	S（B）	うん，山みたいなの。
9	T	山か。 C君は何。 →機械的フィードバック（指示の繰り返し）
10	S（C）	山があってそのもっと倍の山。
11	T	倍の山ってどういうこと。 →正のフィードバック（追求）
12	S	バイバイ，バイバイ。
13	T	はい，D君。 →機械的フィードバック（指示の繰り返し）
14	S（D）	山の近くに人が住んでる。
15	T	山の近くに人が住んでる訳ね。 何となくわかってきた。
16	S	お〜あったあった。
17	T	はいじゃあ辞書で調べるか。 みんな峠ってわかんないよね。 この前ね，辞書の引き方勉強したから。 はいじゃあ学習係さん辞書配って。 峠調べてみてごらん。
18	S	※
19	T	はいじゃあ見つけましたか。
20	S	まだ。
21	T	いいかな。 見つけたの，偉いね。 じゃあちょっと学校の辞書一緒だから読んでもらおうかな。 はい，調べた人？
22	S	は〜い。
23	T	はいじゃあEさん。 声に出して読んでみて。
24	S（E）	山道を…
25	T	山道を。
26	S（E）	登り切った…
27	T	登り切った。
28	S（E）	ところ。
29	T	ところね。 はい，山道って，山があってちょうどこの登り切った頂上 これを峠って言うんですね。
30	S（F）	はい。もうひとつある。
31	T	同じ辞書なのに不思議だなぁ。 学校の辞書みんな一緒でしょ。
32	S（F）	でももうひとつある。
33	T	もうひとつあるの。 F君。
34	S（F）	えっと物事の頂上。
35	T	物事の頂上。 それってこの物語に関係ないと思うよ。 聞いてますか？ 峠っていうのはいくつか意味があるけれども この話の意味にあったもの見なきゃダメだよね。 はいじゃあしまいなさい。 →負のフィードバック（拒否） おわり。 G君すぐしまう。 でもD君，調べるの早くなったじゃない。 さすがじゃない，えらいわよ。

いる．児童Cとの一連のやり取り（No.10〜12）でも正のフィードバックを返すが意図した回答が得られず，再び別の児童（D）へ問いかけなおすという機械的フィードバックを行った（No.13）．しかし，意図した回答が出てこないため，辞書で調べる学習に移った（No.17）．このクラスで使用している辞書は，みな同じ辞書である．少し時間を置いたあと，「峠」の意味を調べられたかどうか教師が確認し，児童Eに読んでもらうことにした（No.21〜23）．その教師発言を受け児童Eが教科書で使われている意味に沿った，辞書に書いてある意味を発表した（No.24〜29）．当然，この児童Eの発話は教師の意図したものであった．しかし，その後，児童Fが挙手をして，もう一つの意味があることを主張した（No.30）．これは，教師にとって，予想外のことであったことが，その直後の「同じ辞書なのに不思議だな」（No.31）からわかる．しかし，それでも，もう一つあると主張する児童F（No.32）を教師は指名し，児童Fは「物事の頂上」と発言した（No.33〜34）．しかし，教師はこの児童Fの発言を「それってこの物語には関係ないと思うよ」と打ち消してしまう．さらに，「いくつか意味があるけれども，この話の意味にあったものでなければダメだよね」と発言し，この場面を終えてしまう．「峠」という語にある「物事の頂上」という意味は，確かにこの物語には関係ないが，私たちが日常的に多用する意味である．このような一般的な意味を発言した児童Fは，教師に受け入れられるどころか，注意を受けることになってしまった．これは，児童Fの発言に対する拒否と考えられる．児童の立場から考えれば，負のフィードバックといえる．

〈事例4〉 6年生「やまなし」

　Table 6-21は，6年生の「やまなし」の授業におけるスクリプトである．「やまなし」の読解の授業中，宮沢賢治の考える「やまなし」の象徴的な意味を児童に想像させ，意見の発表を求めている場面である（No.1）．この場面の教師の最後の発話（No.22）より，教師はこの場面で児童に「満ち足りた平和な感じのイメージ」のものを挙げさせたいことがわかる．まず，児童Fから「幸福」という意見が出された（No.2）．この意見は，当然，教師の意図したものである．教師は「イメージが豊かですね」と評価のフィードバックを行った（No.3）．しかし，その後，児童Gが「原爆」と発表した（No.4）．これは，教

師にとって予想外の発言である。この意見に対して，教師は「ハハハ，原爆。それはまた話が飛躍するなぁ」と開口一番に，大声で笑い飛ばした。また，他児童の間でも「なんでー」という声が飛び交う（No.5〜7）。直後に原爆と答えた理由について追求する教師に対して児童Gは「あの，この，げん，さ，あの，ここ……」と突然どもり始める様子が見られた（No.8）。児童Gにとっても教師や教室の他児童の反応は予想外であり，教師の対応行動に対する動揺がうかがえる。一応，教師と児童Gとの相互交渉の中で，なぜ，原爆だと思ったのかについての児童Gの意見を明らかにした（No.8〜18）。しかし，教師はこのGの意見に対するコメントをすることなく，「これはいろんな人の意見を聞いてみないとまとまっていかないようだな，こりゃなぁ」（No.19）と発言し，明らかに予想外な展開になっていることが窺える。さらに，そのNo.19の教師の発言の中に，「ちょっと時間もないけど」という発言がある。この発言より，教師が時間のない中で予定外のことをしていかなければいけなくなったことが窺える。トランスクリプトでは省略したが，このあと何人かの児童に教師は指名し，「幸せ」「綺麗なもの」といった意見が出された。これらの意見には，それぞれ肯定的な評価を行っている。また，最後に発表した児童Iの意見（No.21）にも，「いい言葉が出たね」と教師は高評価を与えている。しかし，児童Gに対しては，「Gちゃんみたいに面白いね（笑）うん，話をぶったててもいいよ」（No.20）など，途中で笑いながら話を持ち出し，他児童の発言を促すために使われている。最後の教師の発言（No.21）の中で，児童Gの発話が違うという正のフィードバック（確認）を返して，本時の課題であった「やまなし」についてまとめている。この場面では，児童Gの発言に対して，教師は最後に正のフィードバックを返しているが，発言直後から，最後の教師の発話に至るまで，児童Gの発言は嘲笑の対象であり，また，他児童の意見を引き出すためのものとして使われていた。これは，児童Gの立場から考えてみれば，負のフィードバックと考えられる。

　この〈事例3〉〈事例4〉はどちらも一斉授業の中で負のフィードバックが行われている場面を取り上げたものである。どちらの事例においても共通することとして，授業展開として教師が全く予想していなかった展開になっていると

6.3 児童の予想外応答場面における教師の対応の検討（研究9）

Table 6-21 〈事例4〉 6年生「やまなし」

No.	発話者	発話
1	T	じゃあ12月のこの舞台の中の，カニたちがワクワクしながらドキドキしながら，何か楽しそうな物なんじゃないかって想像しながら追っかけてる，このやまなしっていうのは，宮沢賢治にとってね，どういうものなんでしょう。 はいFちゃん。
2	S (F)	幸福。
3	T	お，幸福。 他にないです？ ちょっと考えてね，みんなも。 Fさんはね，やまなしっていうのは幸福，幸せね。 幸せを表しているんじゃないか，そういうふうに感じた。 うーん，すごいこう，イメージがね，あなた豊かですよね，うん。 あとみんなどんなことが思いつきますか？ はいGちゃん。
4	S (G)	この前，魚は平和でかわせみは戦争だって言ってたんだけれども，やまなしはちょっと，ちょっと違うかもしれませんけれど，原爆。
5	T	原爆（笑）。
6	S	なんでー。
7	T	ははは，原爆。 それはまた飛躍するなあ。 幸福が出てきて原爆かぁ。 それはどうして？（笑） 　　　　　　　　　　　　　　　　　→負のフィードバック（否定）
8	S (G)	あの，この，げん，さ，あの，ここ，あの……最初かわせみだとか，びくびく
9	T	おー。
10	S (G)	言ってたけれども，
11	T	おー。
12	S (G)	それで戦争だとか思ってたけれど最後に，やまなし，原爆が落ちてきてその後いろいろとワーやまなしだとか……。
13	T	ふふふ。
14	S (G)	平和な感じが戻ってきたと。
15	T	あー。
16	S (G)	原爆が落ちて戦争が終わったみたいに。
17	T	あー。
18	S (G)	そうじゃないかなぁと。
19	T	ふふふ，そうじゃないかなぁと。 うん，これはいろんな人の意見を聞いてみないとまとまっていかないようだな，こりゃなぁ。 うーんじゃぁ後何人かの人にちょっと時間もないけど，聞いてみようなぁ。 どうですかやまなし。 　　　　　　　： （その後H他3人の児童から，「幸せ」「綺麗なもの」といった意見が出る。） 　　　　　　　：
20	T	ラスト，誰か。 これは言いたいって人います？ ねぇいいんだよ，Gちゃんみたいに面白いね（笑）うん，話をぶったててもいいよ。 あ，Iさんどうぞ。
21	S (I)	えー，天国。
22	T	天国。あー，いーねー。 みんなで天国を追っかけるのかぁ，おー。 そうだね，いい言葉が出たねー，またぁ。 そう，ふふふふふふ。ちょっとGちゃん，意見が違ったかもしれない。 　→正のフィードバック（確認） ね，かわせみや魚と比べてやまなしというのはこういうもの，幸せである，綺麗，美しいもの，天国，とてもね，こうなんていうか満ち足りた平和な感じのするね，イメージのするもの。 そういうものを，カニたち，カニっていうのは宮沢賢治であってね，で他の人であってね，この話を読んでるみんなでもある，という風に先生は思うのね。

いうことである。また，それに伴って，授業時間が少ない中で，新たな展開をしていかなければならなかったということも挙げられる。〈事例3〉では教師と児童との言語的なコミュニケーションの過程で新たな展開をする必要性が生じたのに対し，〈事例4〉では当該児童（児童G）の発言によって，さらなる展開をしなければいけない必要性が生じたという違いが挙げられる。そのため，〈事例3〉では，新たな展開の中で起こった児童Eの予想外応答に対し，教師は展開そのものを終わらせる必要から，児童Eの発言内容を拒否するという負のフィードバックが行われたと考えられる。それに対して，〈事例4〉では，児童Gの発言そのものがさらなる展開をしなければいけないきっかけとなったため，児童Gの発言に対するコメントは最後まで出されることはなかった。また，あまりにも教師の予期していた発言からかけ離れていたため，「笑う」という対応しか出来なかったと考えられる。

　この〈事例3〉〈事例4〉のどちらの教師の対応も，発言した児童の気持ちの配慮に関しては全くなされていない。その理由として，先述した時間の問題とともに，教師自身が既に「明確な答え」と「（児童のする可能性のある）誤答」を持っていることが予想される。その教師の予測を超える答えが出てきた時に，このような児童の気持ちへの配慮のない対応となってしまうと考えられる。

■ 6.3.4　考　　察

　数量的分析では，児童の予想外応答場面において，教師は多くの場合，児童に「確認（正誤の判定）」「補足」「修正（意見をまとめる）」「同意」「追求」するなどの正のフィードバックで対応していることが分かった。児童の予想外応答を教師の意図している回答に近づけるために，教師は誤りを指摘して再考を求め，児童の回答を補足・修正し，足りない言葉や表現を補う，また質問を繰り返して追求していくことで，児童が答えを見出す手助けをする。児童の視点に立って，教師が児童をしかるべき方向に導こうとすれば，このような対応行動が行われるのは自然なことである。児童の応答が必ず教師によって受け入れられるということは，児童の立場から考えるならば，教師の行動が心情的支えになり，それが児童の授業への積極的参加にもつながることが予想される。教師の働きかけによって，嫌いな授業が安心して過ごせる時間に変化し，さらに

好きな授業の中で自分が認められ，自分の力を発揮する機会を与えられることで，児童の登校行動が促進された例も報告されている（藤村・河村，2003）。これは，学習者が効果的なフィードバックを与えられたり，評価されたりすることの重要性をあらためて指摘するものである。

解釈的分析では，教師は予想外応答が現出した状況によってその対応行動を変えていることが示唆された。授業は教師と児童の相互コミュニケーションの連続によって進められるため，そのコミュニケーションは常に変化しながらつながっている。その連鎖の途中で，児童の思わぬ発言や行動があったり，雑談が挿入されたりと，状況は変化しており，必ずしもいつも順調に進行していくわけではない。予想外応答が現出した状況と一口にいっても，その状況は多岐にわたっており，決して一様ではない。児童が予想外の行動をとったとき，教師はそれに対応しなければならないし，雑談が挿入されることで授業が逸脱し，当初の予定通りに授業が進まないということもありうる。決められた時間の中で，教師が学習指導案通りに授業を展開していくことは決して容易なことではない。また，一時間当たり45分という限られた授業時間の中で，単元ごとに学習目標が設定されているのであり，教師が授業の中で考慮しなければいけないことは多数ある。教師は直面する予想外応答場面で，即座に取り上げるべきこと，取り上げる必要のないことの取捨選択を迫られているといってもよい。

時間的余裕のない状態での予想外応答に対しては，教師が授業の先を急ぐばかりに，児童の予想外応答にうまく対処しきれず，負のフィードバックが行われていた。学習課題の内容とかけ離れた応答への対応と，時間内に学習課題を遂行させることの必要性という，二つ選択肢の間での葛藤の中で，教師は時間内に学習課題を遂行させることを選択し，結果として負のフィードバックを行うことになってしまった。一方で，時間的余裕があり，本時の主要な学習課題を扱っている場面における予想外応答に対しては，確認や修正，追求などの正のフィードバックが多く用いられ，児童の学習がより深められるような対応が行われていた。

以上のことより，予想外応答場面における教師の対応行動の差異は，樋口（1995）が指摘しているような，児童の予想外応答の質的違いに起因しているというだけではなく，他の要因も影響している可能性が推察できる。すなわち

先に検討したような授業時間の制約やクラス構成員の人数の問題などの物理的要因である。予想外応答場面においては，樋口（1995）が指摘している児童の応答の質の要因と物理的な要因の二つの要因が教師の対応行動に影響を与えていることが推察される。そしてこれら二要因が双方ともに満たされている場合に正のフィードバックが行われ，どちらかの条件が満たされていない場合に負のフィードバックが行われると考えられる。

6.4 本章のまとめ

本章では，教師と児童の授業中における言語的相互交渉に着目し，教師と児童の相互交渉に関わる教師の行動の検討を行った。6.1節（研究7）では，授業内発話構造のI-R-EのIに着目し，教師の児童への働きかけの検討を行った。その結果，教師は「指示・確認」を多用することにより，児童との相互交渉の中で，授業全体をコントロールし，また，教師の発言に強制的意味合いを付与している可能性が示された。6.2節（研究8）では，授業内発話構造のI-R-EのEに着目し，教師の児童へのフィードバックの現状を数量的分析により明らかにした。その結果，教師は一斉授業の中では，結果の正否のみの伝達が殆どであり，その正否の伝え方に差異があることが示された。6.3節（研究9）では，一斉授業の中の，児童の予想外応答場面に着目して，教師の児童へのフィードバックを児童への影響という観点からカテゴリーに分類し，解釈的分析を行うことによってその特徴を明らかにした。その結果，数は決して多くはないものの，一斉授業の中で，児童に負のフィードバックを行っている場合があることが明らかになった。

　6.1節の研究7で明らかなように，教師は授業中「指示・確認」を多用している。この「指示・確認」というカテゴリーは，教師の児童への働きかけ全般を分類する項目である。このように考えると，Mehan（1979）が指摘しているように，授業は教師の働きかけ－児童の応答－教師の評価という構造がその根幹にあることが窺える。また，この教師の児童への働きかけには様々な意味が内包されている可能性も示唆された。教師が「指示・確認」をするという行為が，その内容よりも先立って，児童にメッセージを送っている場合もある。具

6.4 本章のまとめ

体的には，児童の応答が教師の求めているものでない時に，他児童に働きかけることにより，当該児童に「答えは違っている」というメタメッセージを送っていると考えられる。このような教師の授業中の行動は藤江 (2002) の研究で明らかにされた復唱と同等のものである。教師は授業の中で児童の感情に配慮し，直接，否定的なメッセージを送らずに，復唱したり他児童への新たな働きかけなどを行うことによって，否定的な評価の回避を行っているといえる。このことは，教師のフィードバックを検討した 6.2 節，6.3 節の研究からも明らかである。6.2 節では，結果をフィードバックする際の方略として，復唱が用いられていることが示された。また，6.3 節では，児童の予想外応答場面において，教師が他児童へ働きかけをすることによって直接的な評価を回避する場面がみられた。このように，教師は「児童への働きかけ－児童の応答－評価」という構造の中で，その働きかけや評価の仕方を変えることにより，児童への感情に配慮した対応を行っていると考えられる。

しかし，6.2 節の研究の結果，一斉授業の中では，児童へのフィードバックの内容に関しては，多様性が殆どないことが明らかになった。従来の動機づけの研究によれば，教師の児童へのフィードバックの際に与える付加情報が児童の学習意欲等に大きな影響を及ぼすという知見が得られているが，実際の授業場面においては，殆どが正否情報のみの伝達であった。また，6.3 節の研究の結果，児童の応答に対して，否定や拒否等の児童に対して負の影響を与えるフィードバックを行うような場面もみられた。これらの原因として，教師一人でカバーしなければいけない児童の数や，45 分という限られた時間の中で本時の課題を遂行していかなければならないという物理的な制約が考えられる。6.2 節の結果のフィードバックに関しても，全ての児童に多様なフィードバックを返すことは限られた時間の中では難しいことが予想される。また，従来の予想外応答場面の研究結果より，予想外応答場面における教師の意思決定に影響を与える要因として，児童の応答水準（解答レベル）が挙げられている（吉崎, 1988；1991；樋口, 1995）。しかし，6.3 節で検討した負のフィードバックの事例は，どちらも解答水準は低いものではない。「三年峠」の事例では，日常，私たちが多く使用する「峠」の意味を答えている。また,「やまなし」の事例では，発言した児童は，やまなしが空より降ってきて，その後，平和な情景になった

ことを，日本がかつて経験した戦争になぞらえて「原爆」と発言したものであり，決して面白い発言をしたわけではない。むしろ自分なりの答えを出したといえる。しかし，どちらの事例でも，教師は児童の感情に配慮したフィードバックを返してはいない。児童の予想外応答に教師が即座に機転を利かせて対処できていれば，このような負のフィードバックをする結果にはならなかったと考えられる。河村・藤村（2004）は，効果的な授業の展開スキルとして，一人の意見や考えを，全体の学習喚起や深まりにつながるように取り上げる方法を提唱しているが，この場合は効果的な取り上げ方が出来なかった事例であろう。たとえそれが教師の意図した解答ではなかったとしても，発言した児童が自分の発言した行為が受け入れられたと感じられるよう，全体の中で個人の意見を取り上げるべきであったが，教師にそれだけの余裕がなかったためにこのような対応に終わってしまったといえる。そこには，45分以内に本時の課題を終わらせなければならないという時間的制約があることが予想される。このような時間的な制約などの物理的な要因が，教師の児童へのフィードバックに影響を及ぼす要因としてあることが示唆された。

　本章の各研究より，いくつかの課題と問題点が明らかになった。本章で明らかとなった課題と問題点として，次の3点が挙げられる。

　第一には，対象事例の蓄積が挙げられる。本章の研究では，教師の児童への働きかけと評価を対象授業の教室談話を分析することによって明らかにした。教師が授業内でどのような意図を持って児童に働きかけているのかを明らかにすることで，教師の教授行動を検討していく際の新たな視点の可能性を提示した。また，児童へのフィードバックの仕方の特徴とその制約を示したことによって，今後，教師が授業を見直す際の一つの視点の提示につながるものであると期待される。今後，教師の児童への働きかけが，教師個人の中に内包された方略なのか，一般化されうるものなのか，また，科目ごとに異なってくるのかどうかを明らかにするためにも，異なるクラス間，科目間における比較・検討が必要になってくる。

　第二には，教師自身の解釈的アプローチの必要性が挙げられる。6.1節の研究の結果，授業の教師発話の2/3以上が児童への働きかけに費やされていた。また，その発話には，様々なメタ的な意味が含まれている可能性も示唆された。

6.3 節の研究の結果，教師の児童へのフィードバックに際して，児童へ負の影響を及ぼす可能性のあるフィードバックがなされていることも明らかになった。これらが教師の意図した結果なのか，それとも無意図的に行った結果なのか，授業というコンテクストの中で，教師がどのような意図をもってそれらの言葉を用いたのかを，教師のインタビューやリフレクションとともに分析していく必要がある。

　第三には，教師が児童へ負のフィードバックを行う要因のより詳細な検討である。6.3 節の研究により，数は多くないものの負のフィードバックを行う場面がみられた。このような負のフィードバックは数の多少ではない。児童へのフィードバックに際して，一度でも拒否や否定等の負のフィードバックを行うことによって，その児童の心理面に多大な影響を与えることが予想される。このような負のフィードバックを行う要因を詳細に検討していくことは授業の質を高めるためにも，また，教師の実践的力量の向上を考える際にも重要になってくると考えられる。

第7章
総　括

7.1 知見の整理

　本研究は，現在，教育現場に生起している様々な問題を考える際に，その前段階として，今，初等教育の現場で何が行われているのかを明確にする必要があるという問題意識のもと，実際に小学校で行われている一斉授業を連続的に観察することによって，「一斉授業という営み」を記述し，一斉授業の特徴を明らかにすることを目的として行われた。分析に際しては以下の二つの点を考慮した。一つには，授業を「教師と児童のコミュニケーションの連続体」として捉え，その教師と児童のコミュニケーションが，日常の営みと同様に，日々継続して行われているという視点に立つという点である。二つには，「授業を構成する構成員（教師・児童）の活動」と「その活動によって成立する授業という場」を分けて考えることにより，授業内での教師の活動を把握するとともに，授業という場そのものを鳥瞰的に把握するという点である。本書で行った一斉授業に関する一連の研究により明らかにされた知見を以下に簡単にまとめておく。

　第4章では，授業を構成する教師の行動に着目して，実際の小学校の一斉授業において，教師はどのような行動をとっているのか，それを定量的に明らかにし，日々繰り返し行われている教師の授業実践の記述を試みた。その結果，教師の教授行動には教師個人の中で強い安定性・一貫性があり，その教授スタイルの安定性は授業のマンネリ化に繋がる可能性が示唆された。また，そのような教師固有の教授スタイルが授業の雰囲気に影響を与えている可能性が示唆された。

第5章では，教師 - 児童の相互交渉の結果として立ち現れてくる「授業」を，雰囲気という指標を用いて客観的に測定することを試みた。客観的な測定として，授業を構成している教師・児童以外の第三者を評定者として実験を行った。授業を客観的に測る測度として，授業雰囲気尺度の作成を行った。その結果，授業雰囲気尺度には一定の妥当性が確認され，また，第三者評価の妥当性もある程度，確認された。授業の雰囲気を構成する要因として，授業を構成する構成員（教師，児童）によって形成される雰囲気とともに，場（授業）そのものの雰囲気もあることが示唆された。また，授業雰囲気の形成には，授業中の教師の行動が関係している可能性も示された。さらに，授業の認知に関しては，評定するものの価値観とともに，現在（または過去）の経験の影響を受ける可能性が示唆された。

　第6章では，授業という営みそのものである教師と児童の相互交渉を，教師の児童への働きかけという観点から検討し，その特徴を明らかにした。その結果，教師が一方的に授業を展開しているのではなく，児童への働きかけを中心に授業を進行させていることが明らかになった。また，その児童への働きかける行動の中に，様々な意味を伝達させている可能性が示唆された。しかし，一斉授業という枠の中では，一人の教師の受け持つ人数や授業時間という様々な物理的制約がある。そのため，児童へのフィードバックにおいては，児童を動機づける関わりは少なく，結果の伝達のみになってしまい，それらの制約のために，時には児童へマイナスな影響を与えるようなかかわりがあることも明らかにされた。

7.2 一斉授業の特徴と構造

　本研究では「授業を構成する構成員（教師・児童）の活動」と「その活動によって成立する授業という場」をわけて分析を行ってきた。その結果，教室内における一斉授業の構造として，Figure 7-1のような3つの要因があることが推察される。すなわち【教師】，【児童】とともに授業が行われている場としての【教室】の3つである。授業が教師と児童の相互交渉の結果として立ち現れてくるものであるならば，授業中，教師が児童へ直接働きかける行動を取って

いることは，当然のことである．しかし，教師は児童へ働きかける行動と同時に，教室という場に対しての働きかけも行っている．研究3で検討を行ったような，教師の「間」であったり，「立ち位置」等は，直接児童へ働きかけているわけではないが，教室という場に大きな影響を及ぼしていることがわかる．また，研究7で検討したような教師から児童への「指示」も繰り返されることにより，特定個人への働きかけと同時に，【答えが間違っている】というメタメッセージを教室全体へ伝達する機能を担っていると考えられる．児童は授業中に教師からの働きかけを直接受けると同時に，教師が教室という場に対して働きかけた行動を，教室を通してその影響を受けていると考えられる．教師の児童への直接的働きかけを「直接的教授行動」とするならば，教室という場へ働きかける行動を「間接的教授行動」と考えることが出来る．教師の児童への働きかけが，児童の反応を通して教室という場に影響をもたらし，教師の教室という場に対する働きかけがそれに合わさって，授業の雰囲気が形成されると考えられる．今後，一斉授業を考える際には，この従来あまり注目されてこなかった教師の間接的教授行動を考えることが重要になってくるといえる．

7.3 本研究の意義

前節で述べたように，本研究は初等教育の現場で日々実践されている一斉授

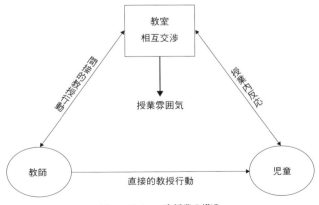

Figure 7-1 一斉授業の構造

業を記述し，その特徴を明らかにすることを目的としていた。そのため，大部分の研究は探索的な検討になっている。現在，教育現場に生起する問題に対処していくためには，実際にその現場で何が行われているのかを明らかにしなければならない。そのための探索的検討を本研究で行ってきた。本研究の知見は，以下の4つの点において意義あるものであると考えられる。

■ 7.3.1 授業研究における新たな視点の提示

　従来の授業研究の関心は，常に教師と児童の活動にあった。このような関心の前提にあるものは，授業というものの自明性である。つまり，「授業」というすでにある箱の中で，教師や児童が行動しているという考えである。したがって，授業を研究するということと，教師や児童の授業中の活動を研究することは，全くのイコールであった。

　しかし，近年多数報告されているような授業崩壊という問題を考える場合，授業の中の教師や児童の行動にばかりに関心を向けていても，実際の「崩壊」という現象にたどり着けない。なぜならば，教師や児童の行動がどんなに型破りであっても，決められた時間内で行われていれば，それは「授業」と認識されているからである。授業を分析する視点として，授業内で行われている教師と児童の相互交渉に着目する微視的な視点とともに，授業全体を鳥瞰的に見る視点をあわせもつ必要がある。本研究では，「授業を構成する構成員としての教師と児童の行動」と，その結果として立ち現れてくる「授業」とを明確に区別したところに，その意義があると考えられる。

　授業を構成する教師や児童の行動の結果としての授業を，客観的に分析することによって，教師や児童の行動や認知に依拠することなく，授業を第三者の視点から分析することが可能になった。このような視点を持って分析することによって，今後，授業の成否の判断に一定の基準を持って臨めることが期待される。

　また本研究では，従来の授業を「教師が教え，児童が学ぶ場」という視点ではなく，授業を「教師と児童のコミュニケーションの連続体」として捉える視点で分析を行った。この視点の違いは教育の何を明らかにするのかという点の違いに起因すると考えられる。第1章で述べた田中（2002）の言葉を借りるな

らば，従来の分析視点は「子どもをコントロールする教育方法」にその関心が向けられていたと考えられるが，本研究の視点は「子どもをコントロールする方法を実現可能に見せる教育装置」の解明にその関心があるといえる。なぜならば，教師と児童のコミュニケーションの連続体として授業を捉え，そこで行われている活動を，「教師は教える人」という理念的な要素を排して分析することにより，授業という場で，教師や児童がどのような活動をし，また，何が起きているのかがより鮮明に浮かびあがってくるからである。このようにして明らかにした授業の構造が，教育装置の一つであると考えられる。

従来の授業研究の手法を用いるだけでは，現在，教育現場に生起する各種の問題に必ずしも対応可能であるとはいえない。直接目にすることの出来ない教育という営みを，まず，目に見える形にすることが重要である。そのためには，従来の授業研究の視点とは異なる新たな視点をもって，授業を考察していく必要がある。

7.3.2　教師の持つ固定性

本研究では，教師の教授行動の定量的分析を行った。その結果，各教師が個人の中に有している教授行動の高い一貫性を明らかにした。このような教授行動の一貫性は，児童の視点から考えると，授業のマンネリ化につながるものである。従来，様々な教育言説において，教師（授業）のマンネリ化について言及されてきた。しかし実際，それを目に見える形で明らかにした研究はなかった。この教師の教授行動の高い一貫性を明らかにしたところに，本研究の意義があるといえる。

児童は，学校にいる時間の大部分を授業という場で過ごしていることを考えると，教師の有する高い一貫性は，児童に大きな影響を及ぼしている可能性が考えられる。初等教育の多くが学級担任制を利用しており，一人の教師が特定の学級を責任もって担当するというシステムがとられている。そのため，殆ど全ての科目をクラス担任が教えることになっている。教師の持っている教授スタイルが安定しているのであれば，児童は毎日，毎時間同じ展開の授業を受けることになる。児童の多様な行動も全て同一のスタイルで受け流されてしまう可能性を指摘できる。実際に，児童は日々の授業によってまたは学年によって，

その授業内での発話スタイルを変化させている。しかし，児童と対峙する教師の行動に固定性があるのならば，教師と児童の相互交渉に質的な隔たりがおきてしまう危険性もありうる。初等教育の場は，児童の社会性獲得の場でもある。本来，個々の児童にあった対応，その場・その状況にあった対応を教師は求められる。しかし，教師のもっている高い一貫性はそれらを阻む危険性が考えられる。

　児童の反応は，常に多様であり，また，時に機知に富んでいることもある。反対に，教師は授業の場では，常に答えを知っている存在である。換言すれば，望ましい答えに導く存在でもある。そのため，常に同一の行動で児童に対して接していることが，6.3節（研究9）で検討したような，時に児童の感情に配慮しない働きかけをしてしまう原因になっていると考えられる。このような状況に対して佐藤（2003）は次のように警鐘を鳴らし，また，教師のあるべき姿を述べている。「教師はよい授業を求めようとするばかりに，よい発言ばかりを子どもに求め，それをつないで授業を組織しようとしがちであるが，よい発言を要求する瞬間に子どもの思考はよいものとよくないものに振り分けられてしまう。教師の責任はよい授業，すなわち学習指導案通りの，教師にとって理想的な授業をすることにあるのではない。子どもの学ぶ権利を実現し，その学びを最大限に高めることにある。どの子どもの意見やつまずきも受け止めること，そして一人ひとりのつぶやきや沈黙に耳を傾けることこそが，授業の立脚点であるといえるのではないだろうか」。佐藤（2003）の述べている「どの子どもの意見やつまずきも受け止めること」「一人ひとりのつぶやきや沈黙に耳を傾けること」を教師が授業の中で実践する上で重要になってくるのが，授業の展開の中で変わりうる状況における判断であり，教授行動の多様性であると考えられる。しかし，先にみたように教師の授業実践は，教師の中にかなり強い固定性がある。この教師の持つ固定性は，児童の立場から考えるならば，非常に大きな問題である。児童の感情に配慮するためには，教師の多様な教授行動が求められるが，教師の持つ固定性がそれを阻むのであるならば，教師は実際の授業場面において，児童の感情に配慮しないかかわりを行う危険性を常に孕んでいることになる。

7.3.3 自らの授業を振り返る手法

　本研究で，一斉授業における教師の教授行動には非常に高い一貫性を有していることが明らかになった。しかし，教師自身の教授行動の特徴は，なかなか自らで知ることは難しい。現在の教育研究においては，自己リフレクションといわれる手法で，自らの教授行動の特徴を把握しようという試みがなされている。しかし，自分で行った授業を客観的に見ること自体が非常に難しいと推察される。本研究で行ったような教師の教授行動の計測，および相関の検討は，把握することの難しい教師の教授行動の特徴を定量的に知ることを可能にする。

　さらに，他者の授業を客観的に見て，評定を行うことで自らがもつ授業に対する認知の特徴を知ることにも繋がると考えられる。本研究で行った授業雰囲気尺度を用いた授業の評定では，教師と学生で授業雰囲気の認知が異なる可能性が示唆された。このことは，教師のもっている授業に対する認知の特殊性を表していると考えられる。日々，自らも授業を実践しているため，教師は「授業という場」に対しての認識が学生をはじめとする一般の人と異なっている可能性を指摘できる。雰囲気評定の特徴として，2クラス比較を行った結果，学生の場合は中程度の負の相関が認められたが，教師の場合は全くの無相関であった。これは，学生が社会的に共有されている一定の規範をもって評定を行っているのに対し，教師は各自のもっている規範で評定を行っている可能性を示している。このような教師個人の内部で形成されている規範は，先に示した教師の有している教授行動の固定性にも関連していると考えられる。他者の授業を評定することによって，明らかにされた認知の差異は，今後，自己の授業を見るという観点でも，重要になってくる。高橋・野嶋（1982）のマイクロティーチングの研究でも明らかなように，他者の行う授業を繰り返し評定することにより，授業を見る視点が洗練されていくと考えられる。教師が自らの教授行動を振り返る際にも，本研究で作成した授業雰囲気尺度のような一定の基準をもった尺度を用いて，繰り返し様々な授業を客観的に測定することによって，他教師や一般の人との認知の差が埋まっていくことが期待される。また，そのような認知の差が埋まっていく過程で，自らの教授行動に対しての自己省察にもつながっていくことが期待される。

以上みてきたように，本研究で用いた分析手法は，教師が自らの授業実践の特徴を把握するために有効であると同時に，自らの授業をリフレクションするための視点を提供するものである．

7.3.4 教育のアカウンタビリティ

本研究では，授業を客観的に評価するため授業雰囲気尺度の作成を行い，また，第三者による客観的な評価を試みた．第2章でも概観したように，従来，学級の雰囲気や風土を明らかにする研究は非常に多くなされてきている．しかし，本研究で試みた初等・中等教育の中心ともいえる授業という営みを客観的に明らかにする研究は今までなされてこなかった．授業崩壊という事例が多数，報告されるようになっている現在，このような授業を客観的に評価する手法を確立することは，授業の基準を考える上でも非常に重要なことだといえる．

また，このような授業を客観的に評価する研究は教育のアカウンタビリティという観点からも非常に意義のあるものだといえる．近年，「開かれた学校づくり」というキャッチフレーズのもと，多くの学校で学校開放を進めている．保護者が授業参観以外の日でも，気軽に授業を見学出来るようになっている学校も増えてきている．また，従来から，授業参観は殆どの学校で行われている．この授業参観の目的は，本来，保護者が自分の子どもの通っている学級の日々行われている授業を確認するためのものであった．しかし，実際には，授業参観における授業は教師にとっても特別な授業であり，よそいきの授業を展開している．また，保護者も授業自体をどのように評価していいのかわからないのが現実である．しかし，先にも述べたように，現在の教育のアカウンタビリティの高まりは，学校という場，授業という場で何が行われており，また，何を生み出しているのかを明らかにし，保護者に説明できるようにしなければいけないものである．これは言い換えれば，学校，授業という場が従来，教師や教育研究者といった教育従事者に閉じられた空間であり，その空間に保護者は自分の子どもを預けているだけであったという状況から脱し，その閉じられた空間をガラス張りにすることでもある．

このような流れに鑑みると，教師や研究者といった教育に携わっている人以外の一般の人が授業そのものを評価するという視点は今後，重要になってくる．

本研究で作成された授業雰囲気尺度は，授業を評価する一つの指標を提供したといえる。学校教育の根幹をなす授業の客観的な測定は，今後，学校教育の外部評価という点においても期待される。

7.4 授業研究の今後

本研究では，授業の営みを明らかにするために，9つの研究を試みた。どの研究にも，それぞれ課題が残っている。各研究の課題は，第4章，第5章，第6章のそれぞれのまとめで述べている（4.4節，5.4節，6.4節）。ここでは，本研究全体を通しての課題を述べる。

第一は，研究の際の分析対象の問題が挙げられる。本研究では，授業の営みを記述するために，授業内の教師の行動を分析対象として研究を行った。第4章では，教師の発話と比較する目的で，または，授業の特徴を記述する目的で児童の発話も取り上げたが，本研究を通じての分析対象は授業と授業内の教師の行動であった。しかし，授業を教師と児童のコミュニケーションの連続体として捉える視点で研究を行うのであれば，教師の行動のみに焦点を当てた分析手法では，授業の記述として完全ではない。児童の行動もまた，詳細に記述する必要がある。さらに，教師の教授行動のみではなく，児童の行動も授業雰囲気に影響を及ぼしていることは十分に予想される。今後の課題として，授業という営みを，児童の行動という視点から検討していく必要があるといえる。

第二は，研究デザインの際の科目設定，教育区分の問題が挙げられる。本研究で行った一連の研究はすべて小学校の国語科の授業を対象に行われた。確かに，本研究での観点は授業における教師の教授方略ではなく，授業という営みそのものであったため，科目による差異は問題としていない。しかし，本研究で用いた手法（教師行動の相関分析，授業雰囲気尺度による評定）で他教科の授業の営みを記述することは，本研究の結果の妥当性を高める上で重要なことだといえる。さらに，小学校のみではなく，一般的には教科担任制をとっている中学校，高等学校での授業を分析対象とすることにより，中学校・高等学校の授業の特徴も明らかにされるのではないかと期待される。特に中学校は義務教育であり，小学校と接続しているために，今後の小中一貫校の増設や小中一

貫免許等の議論が活発化していくことも踏まえるとその授業の特徴を明らかにすることは非常に重要なことだと考えられる。

　第三は，分析の観点の問題が挙げられる。本研究では，従来の授業研究の視点を脱却し，授業を教師と児童の相互行為の連続体として捉えて研究を行った。具体的には，授業内での教師の行動を分析対象とした。そのため，教師の教授過程を明らかにする研究は行っていない。しかし，授業の中で，学習指導要領に沿って教師が児童を教えていることも事実である。授業を記述するにあたっては，教師の日々の行動と教授過程とは切り離して考えられないことである。今後，本研究で明らかになった知見をもとに，あらためて，教師の教授過程の研究を行っていくことも重要である。

7.5 結　語

　近年，いじめを原因としてまだ若い命を投げ出してしまうという痛ましい事件が，多く起こっている。2012年に大津市の中学校でおきたいじめ事件では，警察が学校現場に介入したことが，非常に大きな話題となった。また，部活動における教師の体罰を苦にした自殺事件に端を発して，全国的に教育現場における体罰問題がクローズアップされている。さらには，全国の多くの高校で履修漏れがあることも発覚し，日常的に学校側が黙認していた現実も明らかとなった。このように，最近では教育現場における問題が，毎日のように新聞記事等をはじめとしたメディアで取り上げられている。このような状況のなかで，多くの人が教育現場に注目をするようにもなってきている。まさに，いま教育現場で何が起こっているのかを，明らかにしていかなければいけないといえる。

　上記のような問題意識のもと，本研究では，一斉授業における教師の営みを検討し，授業構造の特徴を明らかにしてきた。本研究の視点は授業を「教師と児童のコミュニケーションの連続体」と捉えるところにあった。このような視点は，少し広く考えるならば，授業（学校）を特別な崇高な場所として捉えない視点ともいえる。授業は教師の立場に立てば，仕事としての場（日常生活とは別の場）であるかもしれないが，児童の立場に立てば，日常生活の一場面であり，日常の大部分を過ごしている場でもある。授業を，児童の視点に立って，

7.5 結　語

日常生活の一場面と考える視点が授業研究には必要なのではないだろうか。もちろん，授業は子どもの社会性獲得の場の一つであり，また，様々な知識を習得していく場でもあるのだが，同時に，"人"と"人"が交流することによって創り出される生活の場でもある。

　授業を日常生活の中の一場面と捉えることによって，授業という場の特徴もまた従来とは異なる見方でみえてくる可能性もある。本研究で明らかにしたような，教師の教授行動の固定性は，まさにそのような視点によってもたらされたものだといえる。そのように授業を捉えなおすことで，従来みえてこなかった授業を構成している要因や特徴が明らかになると期待できる。

　現在，急速なインターネットの進展により，e-learning による遠隔教育（例えば，黒田・宮奈・野嶋，2005）の実践などが行われるようになっている。また，Web を使った自学自習システムなども広く普及している。これらは，時間的制約や物理的制約をなくして学習を進めていくところにその利点があり，今後の普及が期待されている。しかし，そのように Web などのメディアを介した遠隔教育の試みが多くなされるようになれば，それと対の形をなしている対面授業を反省的に考察する必要があると考えられる。すなわち，対面授業では何が行われ，何が伝達されているのかということを明らかにしていくということである。従来，教育とは"人"と"人"が向き合って行われていることが自明のことであると考えられてきた。しかし，先述したように急速なインフラの整備とインターネットの普及により，人が直接，向き合わなくても教育が行われる状況がでてきた。

　このような状況の中で，"人"と"人"が向き合って行う教育活動の価値を改めて問い直す意義があるといえる。人と人が向き合うことでしか伝えられないものとは何か，それを考える必要がある。そのためには，対面授業をつぶさに観察し，そこで何が行われているのかをじっくりと検討することから始めなければならない。教師も当然，"人"であるため，本研究の研究9で検討したようなマイナスな影響を子どもに与えてしまう場合もあるし，さらには，本節の冒頭のような出来事が起きてしまう可能性もある。しかし，同時に，人が向き合っているからこそ，相手にプラスの影響を与えている可能性もある。このように，"人"と"人"の営みという観点で教育を問い直すことは，非常に重要なこ

とだといえる。本研究では，その入り口として授業を観察することによって見出された授業構造のさわりを記述したにすぎない。しかし，このような現実に生起する事象から出発する研究が，教育活動においても重要な意義を持つことは明らかである。本研究は，教育現場で生起する事象の観察を通じて，教育を科学的に記述することを提案するものである。今後の更なる授業研究の成果によって"人"が行う営みとしての「授業」が立ち現れてくることを期待したい。そうすることにより，改めて「教育とは」という問いに答えることが出来るのではないだろうか。

引用文献

阿部　学　2010　幼小連携のあり方に関する考察―小学校向け授業プログラムの保育実践への応用．千葉大学人文社会科学研究，21，75-88．

秋田喜代美　1997　子どもへのまなざしをめぐって―教師論．鹿毛雅治・奈須正裕（編）　学ぶこと教えること．金子書房

Ames, C., & Archer, J.　1988　Achievement goals in the classroom: Students' learning strategies and motivation process. *Journal of Educational Psychology*, 80, 260-267.

Ames, C.　1992　Classrooms: Goals, structures and student motivation. *Journal of Educational Psychology*, 84, 261-271.

Anderman, L. H., & Anderman, E. M.　1999　Social predictors of changes in students' achivement goal orientations. *Contempoorary Educational Psycology*, 25, 21-37.

浅田　匡　2002　教授学習過程における「時間」の意味を考える―ヒトの反応時間に着目した授業分析．野嶋栄一郎（編）　教育実践を記述する―教えること・学ぶことの技法．金子書房　pp.135-154.

Bakhtin, M. M.　1981　*The dialogic imagination. Four essays by M. M. Bakhtin.* Ed. by M. Holquist, Trans by C. Emerson & M. Holquist. Austin: University of Texas Press.

坂西友秀　1995　学級の雰囲気と動機づけ．新井邦二郎（編）　教室の動機づけの理論と実践．金子書房　pp.130-147.

Bellack, A. A., Kliebard, H. M., Hyman, R. T., & Smith, F. L.　1966　*The language of the classroom.* New York: Teachers college Press.（木原健太郎・加藤幸次（訳）1972　授業コミュニケーションの分析．黎明書房）

Bernstein, B.　1971　*Class, codes and control. Theoretical studies towards a sociology of language,* 1. Routledge & Kegan Paul.（萩原元昭（編訳）1981　言語社会化論．明治図書）

Bollnow, O. F.　1970　*Die pädagogische atomsphare.* Heidelberg.（森　昭・岡田渥美（訳）1980　教育を支えるもの．黎明書房）

Bourdieu, P.　1965　*Chaiers du centre de sociologie Européere, sociologie de l'éducation 2.* Paris: Haye, Mouton.（安田　尚（訳）1999　教師と学生のコミュニケーション．藤原書房）

Cazden, C. B.　1988　*Classroom discourse: The language of teaching and learning.* Heinemann Portsmouth.

Cogan, M. L.　1958　The behavior of teachers and the productive behavior of their pupils: One perception analysis. *Journal of Experimental Education*, 27, 89-105.

大坊郁夫　2001　対人コミュニケーションの社会性．対人社会心理学研究，1，1-16.

deCharms, R. 1968 *Personal causation: The internal affective determinants of behavior.* Academic Press.

Deci, E. L. 1980 *The psychology of self-determination.* D. C. Health & Company. (石田梅男（訳） 1985 自己決定の心理学. 誠信書房)

Dobbert, M. L. 1981 *Ethnographic resarch: Theory and application for modern schools and societies.* Praeger.

Flanders, N. A. 1970 *Analyzing teaching behavior.* Addison-Wesley.

Fraser, B. J., Anderson, G. J., & Walberg, H. J. 1982 *Assessment of learning environments: Manual for Learning Environment Inventory（LEI）and My Class Inventory（MCI）.* Perth: Western Australian Institute of Technology.

藤江康彦 2000a 一斉授業における教師の「復唱」の機能―小学5年の社会科授業における教室談話の分析―. 日本教育工学雑誌, **23**（4）, 201-212.

藤江康彦 2000b 一斉授業の話合い場面における子どもの両義的な発話の機能―小学校5年の社会化授業における教室談話の分析. 教育心理学研究, **48**, 21-31.

藤村一夫・河村茂雄 2001 学級生活に対する児童認知とそれを推測する担任教師の認知とのずれについての調査研究. カウンセリング研究, **34**, 284-290.

藤村一夫・河村茂雄 2003 小学校における崩壊学級への危機介入. カウンセリング研究, **36**, 342-349.

藤生英行 1996 教室における挙手の規定要因. 風間書房

藤岡完治 1998 授業をデザインする. 浅田匡・生田孝至・藤岡完治（編） 成長する教師. 金子書房

藤崎春代 1986 教室におけるコミュニケーション. 教育心理学研究, **34**, 359-368.

藤田恵璽 1995a 学習評価と教育実践. 金子書房

藤田恵璽 1995b 教育測定と実践研究. 金子書房

藤田英典 2000 市民社会と教育. 新時代の教育改革・私案. 世織書房

藤田英典 2005 義務教育を問い直す. 筑摩書房

藤谷智子 2002 自己学習能力を育む授業がもたらす児童の自己概念の変化とメタ認知能力の発達（1）. 武庫川女子大学紀要 人文・社会科学編, **50**, 25-33.

古川みどり 1988 小学校環境の評価に関する研究. 心理学研究, **58**, 359-365.

Gage, N. L. 1978 *The scientific basis of the art of teaching.* Oxford, England: Teachers College Press.

Green, J. K. & Harker, J. O. 1982 Gaining access to learning: Conversational, social, and cognitive demands of group participation. In L. C. Wilkinson (Ed.), *Communicating in the classroom.* Academic Press.

Green, J., & Weade, R. 1985 Reading between the words: Social cues to lesson participation. *Theory into Practice*, **24**, 14-21.

Griffin, P., Cole, M., & Newman, S. 1982 Locating tasks in psychology and education. *Disscourse Processes*, **5**, 111-125.

刑部育子 1995 集団における相互作用―保育園における観察とその関係論的分析. 発達, **64**, 18-23.

刑部育子　1998　「ちょっと気になる子ども」の集団への参加過程に関する関係論的分析．発達心理学研究，9，1-11．
橋本重治　1966　学習におけるテストの効果．心理モノグラフ，No. 2．日本心理学会
Hall, E. T.　1966　*The hidden dimension*. New York: Doubleday.
浜田寿美男　2003　学校は子どもたちにとってどういう場所としてあるのか．浜田寿美男・小沢牧子・佐々木賢（編）　学校という場で人はどう生きているのか．北大路書房
Heath, S. B.　1982　Ethnography in education: Defining the essentials. L. C. Wilkinson（Ed.）, *Communicating in the classroom*. Academic Press.
Hesler, M. W.　1972　An investigation of instructor use of space. *Dissertation Abstracts International*, 33, 3055A.（University Microfilms No. 72-30, 905）
樋口直宏　1995　授業中の予想外応答場面における教師の意思決定―教師の予想水準に対する児童の応答と対応行動との関係―．日本教育工学雑誌，18，103-111．
姫野完治　2001　授業過程の分節化を活用した教師の授業認知の分析．日本教育工学雑誌，25（Suppl.），139-144．
平田乃美・菅野　純・小泉英二　1999　不登校中学生の学校環境認知の特性について．カウンセリング研究，32，124-133．
広田照幸　2003　教育には何ができないか―教育神話の解体と再生の試み．春秋社
Hough, J. H., & Duncan, J. K.　1970　*Teaching description and analysis*. Addison-Wesley.
生田孝至・高橋　健　2004　オン・ゴーイングと対話リフレクションによる観察者の授業認知研究．新潟大学教育人間科学部紀要　人文・社会科学編，6，381-393．
井上光洋　1995　教授行動の選択系列のアセスメントによる授業研究方法．日本教育工学雑誌，18，113-121．
磯村陸子・町田利章・無藤　隆　2005　小学校低学年クラスにおける授業内コミュニケーション：参加構造の転換をもたらす「みんな」の導入の意味．発達心理学研究，16，1-14．
伊藤亜矢子　1999　学級風土質問紙作成の試み―学級風土を捉える尺度の帰納的な抽出．コミュニティ心理学研究，2(2)，104-118．
伊藤亜矢子・松井　仁　1998　学級風土研究の意義．コミュニティ心理学研究，2，56-66．
伊藤亜矢子・松井　仁　2001　学級風土質問紙の作成．教育心理学研究，49，449-457．
鹿毛雅治　1994　内発的動機づけの展望．教育心理学研究，42，345-359．
柄谷行人　1986　探求．1　講談社
狩野素朗・田崎敏昭　1990　学級集団理解の社会心理学．ナカニシヤ出版
苅谷剛彦　2001　教育改革の幻想．筑摩書房
加藤弘通・大久保智生　2005　学校・学級の荒れと教師‐生徒関係についての研究―問題行動をしない生徒に注目して．パーソナリティ研究，13，278-280．
加藤弘通・大久保智生　2006　〈問題行動〉をする生徒および学校生活に対する生徒の評価と学級の荒れとの関係―〈困難学級〉と〈通常学級〉の比較から．教育心理学

研究，54，34-44．
加藤幸次　1977　授業のパターン分析．明治図書
河村茂雄・藤村一夫　2004　授業スキル　小学校編　集団学習に応じる授業の構成と展開．図書文化社
河村茂雄　2010　"中1ギャップ"を克服する学級づくり（特集"中1ギャップ"を乗り越える）　教育と医学，58(3)，221-227．
河野義章　1988　教師の親和的手がかりが子どもの学習に及ぼす効果．教育心理学研究，36，161-165．
木村浩則　2000　教育における新たな秩序原理の構成―ルーマンのシステム理論をてがかりに．熊本大学教育学部紀要　人文科学，49，135-145．
岸野麻衣・無藤　隆　2005　授業進行から外れた子どもの発話への教師の対応―小学校2年生の算数と国語の一斉授業における教室談話の分析―．教育心理学研究，53，86-97．
岸　俊彦　1981　教授学習過程の研究―教師・児童間の発言関連の類型．教育心理学研究，25，1-9．
Knapp, M. L.　1978　*Nonverbal communication in human interaction*. 2nd ed. New York: Holt, Rinehart & Winston.
小林正幸・仲田洋子　1997　学校享受感に及ぼす教師の指導の影響力に関する研究―学級の雰囲気に応じて教師はどうすればよいのか　カウンセリング研究，30(3)，207-215．
国分康孝・河村茂雄　1996　学級の育て方・生かし方．金子書房
近藤邦夫　1994　教師と子どもの関係づくり：学校の臨床心理学．東京大学出版会
久保田賢一　1995　教授・学習理論の哲学的前提．日本教育工学雑誌，182，219-231．
熊谷智子　1997　教師の発話にみられるくり返しの機能．日本語学，16(3)，30-38．
熊谷智子　1997　はたらきかけのやりとりとしての会話．茂呂雄二（編）　対話と知：談話の認知科学入門．新曜社
黒田知紗・宮奈　剛・野嶋栄一郎　2005　オンデマンド型Web教材を付加した対面授業の開発と評価　日本教育工学会論文誌，28（suppl.），69-72．
黒崎　勲　1998　選択制度による学校改革．佐伯　胖・黒崎　勲・佐藤　学・田中孝彦・浜田寿美男・藤田英典（編）　学校像の模索．岩波書店
草柳千早　1995　教室での相互作用．船津　衛・宝月　誠（編）　シンボリック相互作用論の世界．恒星社厚生閣
Levy, J.　1979　Getting the message across: Nonverbal communication in the Classroom. Fairfax, VA: George Mason University.
Luhmann, N.　1985　Erziehender Unterricht als Interaktionssystem. In J. Diederich (Hrsg.), *Erziehender Unterricht-Fiktionen und Faktum*? GFPF, 77-94.
松尾太加志　1999　コミュニケーションの心理学―認知の心理学・社会心理学・認知工学からのアプローチ．ナカニシヤ出版
Mead, G. H.,　1937　*Mind, Self, and society: From the stand point of a social behaviorist*. Chicago: University of Chicago Press.（河村　望（訳）　1995　精

神・自我・社会.人間の科学社)

Measor, L., & Woods, P. 1983 The interpretation of pupil myths. In M. Hammersley (Ed.), *The ethnography of schooling: Methodological issues*. Nafferton Books.

Mehan, H. 1979 *Learning lessons: The social organization of classroom behavior*. Harvard University Press.

Mehan, H. 1982 The structure of classroom events and their consequences for student performance. In P. Gilmore & A. A. Glatthorn (Eds.), *Children in and out of school*. Center for Applied Linguistics.

Midgley, C., Maehr, M. L., Hruda, L. Z., Anderman, E., Anderman, L., Freeman, K. E., Gheen, M., Kaplan, A., Kumar, R., Middleton, M. J., Nelson, J., Roeser, R., & Urdan, T. 2000 *Manual for the Patterns of Adaptive Learning Scale*. Ann Arbor: University of Micigan Press.

三木かおり・山内弘継 2004 小学生による教室の目標構造と関係性の知覚が、回避行動に及ぼす影響.日本心理学会第 68 回大会発表論文集,928.

三木かおり・山内弘継 2005 教室の目標構造の知覚、個人の達成目標志向、学習方略の関係性.心理学研究,**76**,206-268.

南 博文 1991 事例研究における厳密性と妥当性—鯨岡論文(1991)を受けて—.発達心理学研究,**2**,46-47.

三尾忠男・藤田恵璽 1996 大学の授業改善Ⅱ—調査・分析研究と実践報告—.放送教育開発センター研究報告書,**93**,29-36.

三島美砂・宇野宏幸 2004 学級雰囲気に及ぼす教師の影響力.教育心理学研究,**52**,414-425.

三隅二不二・吉崎静夫・篠原しのぶ 1977 教師のリーダーシップ行動測定尺度の作成とその妥当性の研究.教育心理学研究,**25**,157-166.

三隅二不二・矢守克也 1989 中学校における学級担任教師のリーダーシップ行動測定尺度の作成とその妥当性に関する研究.教育心理学研究,**37**,46-54.

Moos, R. H., & Moos, B. S. 1978 Classroom social climate and student absences and grades. *Journal of Educational Psychology*, **70**, 263-269.

森 有正 1979 経験と思想.岩波書店

茂呂雄二 1997 言語実践の具体性.山崎敬一・西阪 仰(編)語る身体・見る身体,ハーベスト社

無藤 隆 1997 協同するからだとことば—幼時の相互交渉の質的分析—.金子書房

永井順國 1999 学校を作り変える.小学館

中村雄二郎 1989 場所 トポス.弘文堂

南部昌敏 1995 教育実習生の内省を支援するための授業観察システムの開発と試行.日本教育工学雑誌,**18**,175-188.

奈須正裕 1997 授業作づくりの手立てをめぐって—方法論.鹿毛雅治・奈須正裕(編)学ぶこと教えること.金子書房 pp.75-102.

西阪 仰 1997 相互行為分析という視点—文化と心の社会学的記述.金子書房

野嶋栄一郎　1998　授業を分析する力―授業の記述，分析の意義．浅田　匡・生田孝至・藤岡完治（編）　成長する教師．金子書房

小川一美　2003　二者間発話量の均衡が観察者が抱く会話者と会話に対する印象に及ぼす効果．実験社会心理学研究，43，63-74．

岡田敬司　1998　コミュニケーションと人間形成．ミネルヴァ書房

岡本夏木　1984　ことばと発達．岩波書店

岡根裕之・吉崎静夫　1992　授業設計・実施過程における教師の意思決定に関する研究―即時的意思決定カテゴリーと背景カテゴリーの観点から―．日本教育工学雑誌，16，171-184．

大河原清　1983　教師の言語行動に伴う身体動作が児童・生徒の学習に及ぼす影響．日本教育工学雑誌，8，71-85．

大久保智生・加藤弘通　2005　青年期における個人‐環境の適合の良さ仮説の検証―学校環境における心理的欲求と適応感との関連．教育心理学研究，53，368-380．

大久保智生・加藤弘通　2006　問題行動を起こす生徒の学級内での位置づけと学級の荒れおよび生徒文化との関連．パーソナリティ研究，14，205-213．

大國博昭・田中信二・奥野昌明　1999　教師の勢力資源に対して生徒が認知する被影響度と教師が認知する影響度に関する研究．設計工学，34，268-275．

大澤真幸　1990　身体の比較社会学Ⅰ．勁草書房

Patterson, M. L.　1983　*Nonverbal behavior: A functional perspective*. Tokyo: Springer-Verlag.

Peterson, P. L. & Clark, C. M.　1978　Teacher's report of their cognitive processes during teaching. *American Educational Resarch Journal*, 15, 555-565.

Printrich, P. R.　2003　A motivational science perspective on the role of student motivation in leraning and teacing contexs. *Journal of Educational Psychokogy*, 95, 667-686.

Richmond, V. P., & McCroskey, J. C.　2004　*Norverbal behavior in interpersonal relations*. 5td ed. Pearson Education.（山下耕二（編訳）　2006　非言語行動の心理学．北大路書房）

Roeser, R. W., Midgley, C. M., & Urban, T. C　1996　Perceptions of the school psychological enviroment, and early adolescents' psychological and behavioral functioning in school: The mediating role of goals and belonging. *Journal of Educational Psychology*, 90, 528-535.

Rowe, M. B.　1986　Wait time: Slowing down may be a way of speeding up. *Journal of Teacher Education*, 37, 43-50.

佐伯　胖　2004　「わかり方」の探究―思索と行動の原点．小学館

佐々原正樹・青木多寿子　2012　話し合いに「引用」を導入した授業の特徴―小学4年生の談話分析を通して　日本教育工学会論文誌，35(4)，331-343．

笹村泰昭　1997　ビデオカメラによる授業記録と教師の視線分析．苫小牧工業高等専門学校紀要，32，79-82．

佐藤　学　1995　学び　その死と再生．太郎二郎社

佐藤　学　1999　教育改革をデザインする．岩波書店
佐藤　学　2003　教師たちの挑戦　授業を創る　学びが変わる．小学館
澤本和子　2004　学びとコミュニケーション．西之園晴夫・宮寺晃夫（編）　教育の方法と技術．ミネルヴァ書房
芹沢俊介　2000　子どもたちにとって学校とは―変容する学校と子ども―．谷川彰英・無藤　隆・門脇厚志（編著）　迷走する現代と子どもたち．東京書籍
柴田好章　1996　逐語記録にもとづく授業分析の諸手法の検討―質的分析への量的分析の統合をめざして．名古屋大學教育學部紀要　教育学科，43(2)，217-228.
柴田好章　1997　授業逐語記録を対象とした語の出現パターンの分析．日本教育工学雑誌，21，1-12.
柴田好章　1999　話し合いを中心とする授業の分析手法の開発と適用―語の出現頻度による授業の分節構造の特徴化．日本教育工学雑誌，23(1)，1-21.
清水由紀・内田伸子　2001　子どもは教育のディスコースにどのように適応するか―小学1年生の朝の会における教師と児童の発話の量的・質的分析より―．教育心理学研究，49，314-325.
清水　博　1996　生命知としての場の論理．中央公論社
清水　博　2000　共創と場所．清水　博（編著）　場と共創．NTT出版　pp.23-175.
Shultz, J. J., Florio, S., & Erickson, F. 1982 Where's the floor?: Aspects of the cultural organization of social relationship in communication at home and at school. In P. Glimore, & A. A. Glatthorn (Eds.), *Children in and out of school*. Center for Applied Linguistics.
Smith, H. A. 1979a Nonverbal communication in teaching. *Review of Educational Research*, **49**(4), 631-672.
Smith, H. A. 1979b Nonverbal behavior and student achievment in the elementary classroom. Kington, Ontario: Queen's University.
高木和子　1987　学校文化への言語的適応．日本読書科学会第31回研究大会発表論文集，53-60.
高橋京子　2011　幼・保・小の交流推進事業に関する一考察―小1プロブレムの解消に向けて　児童教育実践研究，4(1)，27-36.
高橋　勝　1997　学校のパラダイム転換．川島書店
高橋哲郎・野嶋栄一郎　1982　教育実習事前プログラムの開発とマイクロティーチングの改善に関する研究．日本教育工学雑誌，11(2)，57-70.
高崎文子　2001　言語的フィードバックが達成動機づけに与える影響―小学生における発達的検討―．ヒューマンサイエンスリサーチ，Vol.10，121-132.
田中政子　1973　Personal Spaceの異方的構造について．教育心理学研究，21(4)，19-28.
田中智志　2002　他者の喪失から感受へ―近代の教育装置を超えて．勁草書房
田中節雄　2001　学校の論じ方　存立のメカニズム＝変革の論理．情況出版編集部（編）　教育の可能性を読む．情況出版　pp.106-125.
田崎敏昭　1979　児童・生徒による教師の勢力資源の認知．実験社会心理学研究，18，

129-138.

Trickett, E. J., & Moos, R. H.　1973　Social environment of junior high and high school classrooms. *Journal of Educational Psychology*, **65**, 93-102.

Trickett, E. J., & Moos, R. H.　1995　*Classroom Environment Scale Manual: Development, applications, research.* 3rd ed. Palo Alto, CA: Consulting Psychologists Press.

塚田紘一　1983　教師－生徒の言語的相互作用の研究（1）　言語的相互作用patternの安定性と学力の伸びとの関係．明星大学人文学部研究紀要，**19**, 71-89.

塚田紘一　1995　教師と動機づけ．新井邦二郎（編）　教室の動機づけの理論と実践．金子書房

塚本真一　1998　教師の勢力資源が中学生のモラールと学級雰囲気に及ぼす影響．上越教育大学研究紀要，**17**, 551-562.

Walberg, H. J.　1969　Social environment as a mediator of classroom learning. *Journal of Educational Psychology*, **60**, 443-448.

Wallat, C., & Green, J.　1982　Construction of social norms by teacher & children: The first year of school. In K. M. Borman (Ed.), *The social life of children in a changing society*. Lawrence Erlbaum Associates.

渡部洋一郎　1997　教授行動に影響を及ぼす二要因についての考察（2）　机間巡視及び児童特性（二要因）に関する特徴的傾向と典型的意思決定場面の分析．上越教育大学研究紀要，**17**, 195-208.

Weinstein, C. S.　1991　The classroom as a social context for learning. *Annual Review of Psycology*, **42**, 493-525.

Wells, G.　1986　*The meaning makers: Children learning language and using language to learn.* London: Hodder and Stoughton Educational.

Wertsch, J. V.　1991　*Voices of the mind: A sociocultural approach tomediated action.* Cambridge, MA: Harvard University Press.（田島信元・佐藤公治・茂呂雄二・上村佳代子（訳）　1995　心の声―媒介された行為への社会文化的アプローチ―．福村書店）

Wilkinson, L. C., & Calculator, S.　1982　Effective speakers: Students' use of language to request and obtain information and action in the classroom. In L. C. Wilkinson (Ed.), *Communicating in the classroom*. Academic Press.

Wilcox, K.　1982　Ethnography as a methodology and its application to the study of schooling: A view. In G. Spindler (Ed.), *Doing the ethnography of schooling*. Holt, Rinehart & Winston.

やまだようこ　1997　モデル構成をめざす現場心理学の方法論．やまだようこ（編）　現場心理学の発想．新曜社

山口正二・吉沢健二・原野広太郎　1989　生徒と教師の心理的距離に関する研究．カウンセリング研究，**22**, 26-34.

山口創・鈴木晶夫　1996　座席配置が気分に及ぼす効果に関する実験的研究．実験社会心理学研究，**36**, 219-229.

好井裕明　1999　制度的状況の会話分析．好井裕明・山田富秋・西阪　仰（編）　会話分析への招待．世界思想社

吉崎静夫　1988　授業における意思決定モデルの開発．日本教育工学雑誌，**12**，51-59．

吉崎静夫　1991　教師の意思決定と授業研究．ぎょうせい

吉崎静夫　1998　授業の流れを予測する．浅田　匡・生田孝至・藤岡完治（編）　成長する教師．金子書房

吉崎静夫・水越敏行　1979　児童による授業評価―教授行動・学習行動・学習集団雰囲気の視点より―．日本教育工学雑誌，4，41-51．

吉崎静夫　1997　デザイナーとしての教師　アクターとしての教師．金子書房

おわりに

　本書では，現在，教育の現場において何が行われているのかという問題意識のもと小学校の一斉授業を取り上げて検討を行った。私が教育分野の研究に歩みを入れたのには，特別，大きな契機があったわけではない。もともと教育学を志していたわけではなく，心理学的に人の営みを測定することに興味を持っていただけであった。ある時，指導教官に誘われて，ある小学校の二つの授業を見学させていただく機会があった。そのとき，その小学校で見学した授業実践にとても大きな興味と関心をいだいた。同じ学年の全く同じ単元の授業を行っている隣り合ったクラスの授業を観察したのだが，その授業雰囲気たるや，全く真逆であった。どちらがいいとか悪いという問題ではなく，その二クラスは，「授業」をしているという意味では同じ空間のはずなのに，私には全く別の空間のように思えてならなかった。その時，この「違い」を測定できないかと思い立ったのが，この分野に足を踏み入れるきっかけになった（この二つの授業実践をもとにした研究が第5章で行っている研究である）。このような経験とその後の研究から，教育が人と人との相互交渉によって成り立つのであるならば，人の教育的行動を測定することが，教育の一側面を考えることにつながるのではと思うようになった。それから現在に至るまで，教育的活動に関わる人の営みの解明を研究テーマにするようになった。教育的事象は時に理念的色彩を帯びることがある。今後の研究者生活の中で，私はそういった理念的な命題に対して，一つ一つ教育的営為を測定することで，それらの命題が本当に正しいことなのかについて考えていきたい。

　本書は早稲田大学に提出した博士論文に加筆修正したものである。博士論文として提出してから幾ばくかの年月が過ぎ，指導して頂く立場から僭越ながらも指導する立場へと変わっていった。そのような年月を経て，改めて読み直してみると，研究，分析の粗さのみならず，自分の文章や表現の稚拙さ等が非常

に目につき，衝撃を受けた。また書かれてある内容についても，教育現場の問題や状況なども変わり，教育心理学分野の新たな研究の進展等も多くみられ，いくつかは古い内容になっている点もあった。それらのことも鑑みて，今回大幅に改稿しなおそうかとも考えたが，この一連の研究自体が一つの私自身の成長の記録でもある。また，教育現場の様々な問題は日々，刷新されており，今書き直しても，出版時，1年後，5年後には古い内容になっているはずである。そのように考え，本書出版の際には，加筆修正は最小限にとどめ，私自身の成長の記録という側面も有する書籍として出版することとした。そのような経緯であるため，本書の中には内容的に古い話題や古い研究成果が記載されていたり，稚拙な表現や稚拙な研究計画等が多々見受けられると思われるが，この場をお借りしてお詫び申し上げる。

　学生時代あまり真面目ではなかった私が，現在このように"教育"という大層なものと格闘しながら研究活動を続けており，本書を上梓できたのには，非常に多くの方々からのご支援・ご尽力があったからに他ならない。この場を借りて御礼の言葉を述べたいと思う。指導教官として9年間もの長きに渡り，公私ともに様々なご助言をいただいた早稲田大学の野嶋栄一郎先生には，本当に筆舌に尽くしがたいほど多くのことをご教授いただいた。特に物事の本質を見抜く，見つめる視点は私の研究を行っていく際の礎となるものであり，生涯をかけて考えていかなければならない大事な事を教えていただいた。また，早稲田大学の齋藤美穂先生，中島義明先生，白鷗大学の赤堀侃司先生には，博士論文の審査の際には，お忙しい時間の中で副査として論文を審査していただいたにとどまらず，今後の私の研究活動につながる非常に有益なご指摘を賜った。さらに，聖学院大学の小川洋先生には初めて行う調査・分析に関して，その基礎からアドバイスを頂き，分析内容に関しては，適切な指導をして頂いた。小川先生のおかげで研究者のための第一歩を踏み出せたといっても過言ではなく，心より感謝申し上げる。

　また，本書で行った研究は実際の教育現場で行われている授業実践を対象にしたものである。私の研究に快くご協力いただいた学校ならびに先生方，特に快く授業を提供していただいた先生とそのクラスの児童の方々に心から感謝申

し上げる。さらに，これらの研究の分析は私一人で行ったものではない。研究室の仲間や先輩後輩の協力抜きには，一つの研究も行えていなかったはずである。特に，香川大学の大久保智生先生には，本当に多くの研究の話や私生活の話をしてきた。その会話の中で，自らの研究の方向性を再確認したり，新たな研究の視点に気づくことがたびたびあった。また，2006年3月に志半ばで逝去された村瀬勝信氏とは，5年という短い時間であったが，同じ研究室の仲間として，非常に濃密な時間を過ごした。私が研究に行き詰ったとき，どうしていいかわからなくなったとき，常に村瀬氏との会話の中で答えを出してきたように思う。本書そのものが，村瀬氏との共作であることは疑いのない事実であろう。大久保氏と村瀬氏がいなければ，本書は書き始めることも叶わなかったはずである。二人へ感謝の意を捧げるとともに，村瀬勝信氏のご冥福を心よりお祈り申し上げる。

　また，本書の刊行にあたっては，ナカニシヤ出版の山本あかね氏には大変お世話になった。改めて御礼申し上げる。

　最後に，私を産んでここまで育ててくださった父と母に感謝する。結局，父と同じ道を歩むことになったが，それもひとえに両親のお陰だと今は心より実感している。そして，私の研究生活の中で結婚した妻典子と娘涼美香の支えなくして，本書の完成はなかったと思う。いろいろと苦労を掛けているが，二人の笑顔が研究活動の支えになっていると実感している毎日である。

　"教育"は私たちが生活していく上で決して欠かすことのできない営みである。これからも，教育の当たり前を当たり前と思わずに，"教育のなぜ"を追究していきたいと考えている。

人名索引

A
阿部　学　5
Ames, C.　31
Anderman, E. M.　31
Anderman, L. H.　31
Anderson, G. J.　30
青木多寿子　23
Archer, J.　31
浅田　匡　29

B
Bakhtin, M. M.　18
坂西友秀　6
Bellack, A. A.　22
Bernstein, B.　18
Bollnow, O. F.　30
Bourdieu, P.　18, 108

C
Calculator, S.　11
Cazden, C. B.　20
Clark, C. M.　24
Cogan, M. L.　26
Cole, M.　23

D
大坊郁夫　17
deCharms, R.　31
Deci, E. L.　31
Dobbert, M. L.　21
Duncan, J. K.　22

E
Erickson, F.　37

F
Flanders, N. A.　22, 29, 32, 34, 44
Florio, S.　37
Fraser, B. J.　30
Freeman, K. E.　31
藤江康彦　23, 38, 123, 130, 144
藤村一夫　6, 143, 145
藤生秀行　59, 60
藤岡完治　4, 6
藤崎春代　22, 38
藤田英典　3
藤田恵璽　8, 9, 13, 14, 26, 28, 59
藤谷智子　6
古川みどり　30

G
Gage, N. L.　21
柄谷行人　20
Gheen, M.　31
Green, J.　6, 19
Green, J. K.　19
Griffin, P.　23
刑部育子　9

H
Hall, E. T.　29
浜田寿美男　20
Harker, J. O.　19
橋本重治　25
Heath, S. B.　21
Hesler, M. W.　28

樋口直宏　24, 36, 129, 143–145
姫野完治　6
平田乃美　30
広田照幸　2
Hough, J. H.　22
Hruda, L. Z.　31

I
生田孝至　6
井上光洋　6
磯村陸子　23
伊藤亜矢子　30, 31

K
鎌田　薫　5
鹿毛雅治　25
狩野寿朗　31
Kaplan, A.　31
苅谷剛彦　2, 3
加藤弘通　9, 10
加藤幸次　22, 32
河村茂雄　5, 6, 143, 145
河野義章　26
木村浩則　11
岸野麻衣　25
岸　俊彦　22
Knapp, M. L.　27
小林正幸　6
小泉英二　30
近藤邦夫　37
熊谷智子　6, 110
Kumar, R.　31
黒田知紗　159

草柳千早　　4

野嶋栄一郎　　21, 155, 159

T

高木和子　　18
高橋　健　　6
高橋京子　　5
高橋　勝　　4
高橋哲郎　　155
高崎文子　　25, 122
田中政子　　29
田中智志　　3, 4, 152
田中節雄　　3, 4
田中信二　　32
田崎敏昭　　32
Trickett, E. J.　　31
塚田紘一　　22
塚本真一　　31

L

Levy, J.　　27
Luhmann, N.　　11

M

町田利章　　23
Maehr, M. L.　　31
松井　仁　　30, 31
松尾太加志　　28
McCroskey, J. C.　　27
Mead, G. H.　　4
Measor, L.　　21
Mehan, H.　　6, 19, 24, 38, 41, 44, 45, 66, 107, 144
Middleton, M. J.　　31
Midgley, C. M.　　31
三木かおり　　31, 86
南　博文　　39
三尾忠男　　28
三島美砂　　85
三隅二不二　　26, 31
宮奈　剛　　159
水越敏行　　32, 33, 74, 86, 96
Moos, B. S.　　31
Moos, R. H.　　31
森　有正　　4
茂呂雄二　　38
無藤　隆　　23, 25, 39

O

小川一美　　18
岡田敬司　　10, 18-20, 108
岡本夏木　　18
岡根裕之　　6
奥野昌明　　32
大河原　清　　27
大久保智生　　9, 10
大國博昭　　32
大澤真幸　　20

P

Patterson, M. L.　　28
Peterson, P. L.　　24
Pintrich, P. R.　　31

R

Richmond, V. P.　　27
Roeser, R. W.　　31
Rowe, M. B.　　29

S

佐伯　胖　　6
佐々原正樹　　23
笹村泰昭　　28
佐藤　学　　5, 154
澤本和子　　11
芹沢俊介　　2
柴田好章　　23
清水　博　　12
清水由紀　　18, 19, 53
篠原しのぶ　　31
Shultz, J. J.　　37
Smith, H. A.　　27
菅野　純　　30
鈴木晶夫　　29

U

内田伸子　　18, 19, 53
宇野宏幸　　85
Urban, T. C.　　31

W

Walberg, H. J.　　30
Wallat, C.　　19
渡部洋一郎　　29
Weade, R.　　6
Weinstein, C. S.　　19
Wells, G.　　18
Wilcox, K.　　21
Wilkinson, L. C.　　11
Woods, P.　　21

Y

やまだようこ　　39
山口正二　　18
山口　創　　29
山内弘継　　31, 86
矢守克也　　26
吉崎静夫　　6, 24, 29, 32, 33, 74, 86, 96, 108, 128, 129, 145

N

永井順國　　2
中村雄二郎　　12
仲田洋子　　6
南部昌敏　　6
奈須正裕　　36
Nelson, J.　　31
Newman, S.　　23
西阪　仰　　28

事項索引

A
CES　30
FIAS　22, 44
I-R-E 構造　19, 20, 24, 38, 41, 107
LEI　30
OSIA　22
PALS　31, 86, 94, 97, 104
SD 法　33, 73, 74, 85, 102, 103

あ
安定性　55, 71, 149
意思決定　145
いじめ　2
一次的ことば　18
エスノグラフィー　21
遠隔教育　159

か
外部評価　157
学習意欲　25, 31, 33, 127, 145
学習過程　6, 13, 17
学習指導要録　13
学力固定化要因　8
学力低下　2
隠れたカリキュラム　6
学級担任制　153
学級風土　30
学級雰囲気　30
学級崩壊　2
学校選択性　2
学校の荒れ　9
家庭教育　1
机間巡視　28, 29, 67
技術的機能　18, 108, 110, 121
教育再生実行会議　5
教育的雰囲気　30
教育のアカウンタビリティ　156
教育発話　18
教科担任制　5, 157
教室ルール　19
教師の意思決定モデル　24, 36
教師の実践的力量　128
教授スタイル　149, 153
教授方略　6, 13, 17
クラス担任制　14, 36
原因帰属理論　25, 122
言語コード　19
言語的なコミュニケーション　17
構成概念妥当性　104
子どもの操作可能性　4

さ
自己効力　60
自己リフレクション　155
システム論的視座　11
視線　28, 41, 60
実践的力量向上　6
指名行動　26, 41, 55, 59, 71
社会性　1
社会的スキル　1
授業参観　156
授業スタイル　54
授業認知　6, 103
授業評価　32
授業雰囲気　73, 74, 85, 94, 97, 102, 103, 155
　──尺度　150
授業崩壊　8
熟達目標　31, 86, 90
小 1 プロブレム　5
状況依存　18
小中一貫校　157
小中連携　5
遂行 - 回避目標　86
遂行 - 接近目標　86
遂行目標　31, 90
スクール・モラール　31
制限コード　18
精密コード　18
総合的な学習の時間　2
相互作用論　11

た
第三者評価　73, 150
体罰　2
対面授業　159
多重共線性　81, 91
立ち位置　29, 41, 60
中 1 ギャップ　5
超越的第三者　20
動機づけ　31, 33, 127, 145, 150

な

二次的ことば　18
認知的評価理論　25

は

場の形成　12
場面想定法　34
非言語コミュニケーション
　26, 28, 71
表現的機能　18, 108, 110,
　121

フィードバック　107,
　122, 143, 144
復唱　23, 32
不登校　2
文脈依存　18

ま

マイクロティーチング
　155
待ち時間　29, 41, 60, 68
学ぶ権利　154

目標構造　31, 86
問題行動　9

や

幼少連携　5
予想外応答場面　24, 108,
　128, 142, 144

ら

リーダーシップ　31
　――行動　33

著者紹介
岸　俊行（きし　としゆき）
福井大学教育地域科学部附属教育実践総合センター准教授
博士（人間科学）
主著に，『実践をふりかえるための教育心理学』（分担執筆，ナカニシヤ出版，2011）など。

一斉授業の特徴を探る
授業を観る，測る，考える

2015 年 2 月 20 日　初版第 1 刷発行　　（定価はカヴァーに表示してあります）

著　者　岸　俊行
発行者　中西健夫
発行所　株式会社ナカニシヤ出版
〒 606-8161 京都市左京区一乗寺木ノ本町 15 番地
TEL 075-723-0111　FAX 075-723-0095
http://www.nakanishiya.co.jp/
Website http://www.nakanishiya.co.jp/
Email　iihon-ippai@nakanishiya.co.jp
郵便振替　01030-0-13128

装幀＝白沢　正
印刷＝創栄図書印刷　製本＝兼文堂
Copyright © 2015 by T. Kishi　Printed in Japan.
＊落丁・乱丁本はお取り替え致します。
ISBN978-4-7795-0933-9　C3011

本書のコピー，スキャン，デジタル化等の無断複製は著作権法上での例外を除き禁じられています。本書を代行業者等の第三者に依頼してスキャンやデジタル化することはたとえ個人や家庭内での利用であっても著作権法上認められておりません。